5G的全新商业化应用是企业加速产业跃升的必然选择

| 5G趋势 | 商业模式 | 案例分析 | 应对策略 | 设置规则 | 刷新模式 | 直击用户 | 形成机制 |

5G商业模式

重塑商业化未来

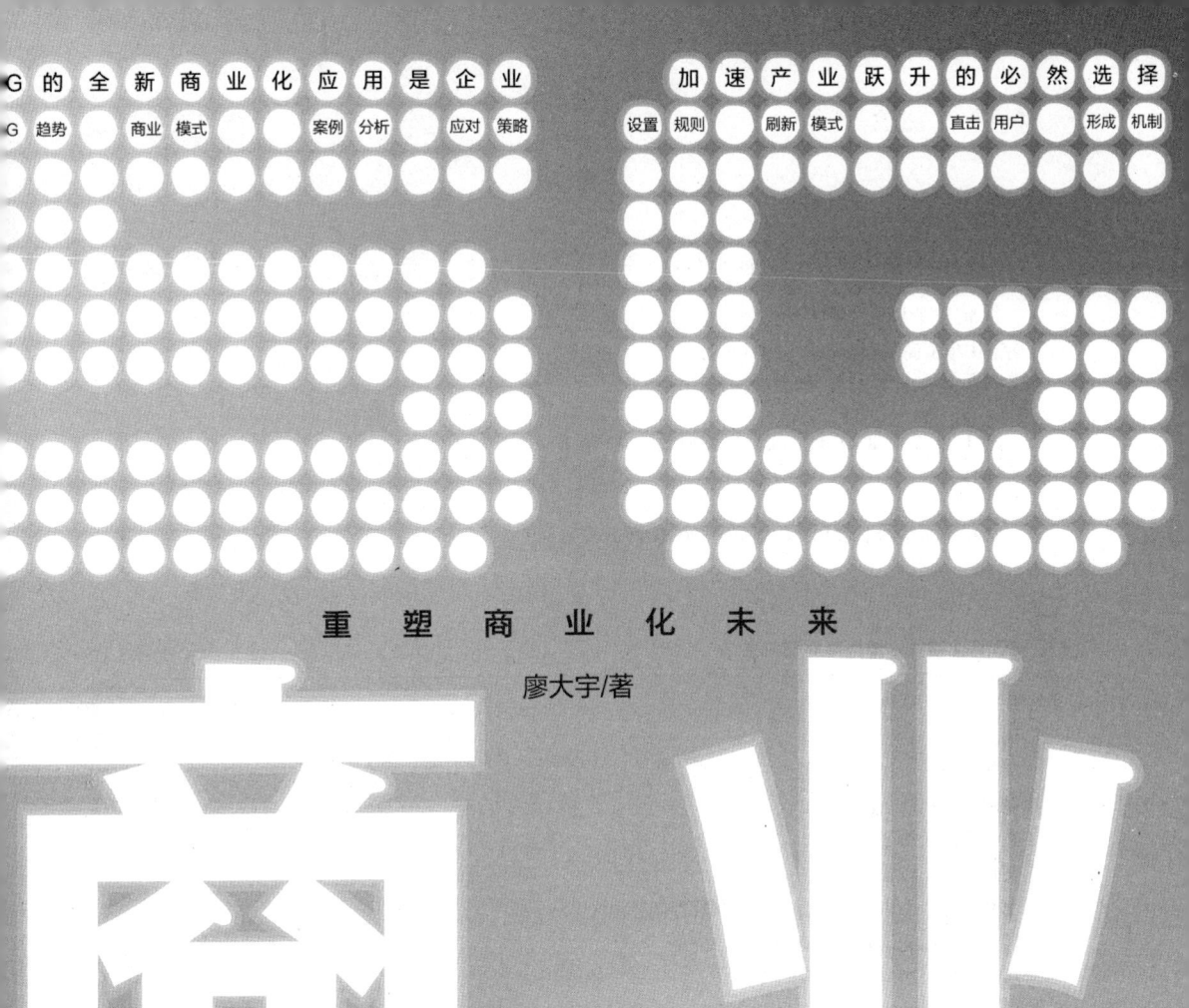

廖大宇/著

中国未来商业模式的格局和趋势

5G Business Model Revolution

中华工商联合出版社

图书在版编目（CIP）数据

5G 商业模式：重塑商业化未来 / 廖大宇著 . -- 北京：中华工商联合出版社, 2021.5
ISBN 978-7-5158-2993-7

Ⅰ. ① 5… Ⅱ. ①廖… Ⅲ. ①商业模式—研究 Ⅳ. ① F71

中国版本图书馆 CIP 数据核字 (2021) 第 096293 号

5G 商业模式：重塑商业化未来

作　　者：	廖大宇
出 品 人：	李　梁
责任编辑：	于建廷　效慧辉　王　欢
装帧设计：	周　源
责任审读：	傅德华
责任印制：	迈致红
出版发行：	中华工商联合出版社有限责任公司
印　　刷：	北京毅峰迅捷印刷有限公司
版　　次：	2021 年 7 月第 1 版
印　　次：	2021 年 7 月第 1 次印刷
开　　本：	710mm×1000mm　1/16
字　　数：	240 千字
印　　张：	13.25
书　　号：	ISBN 978-7-5158-2993-7
定　　价：	58.00 元

服务热线：010-58301130-0（前台）
销售热线：010-58301132（发行部）
　　　　　010-58302977（网络部）
　　　　　010-58302837（馆配部、新媒体部）
　　　　　010-58302813（团购部）
地址邮编：北京市西城区西环广场 A 座
　　　　　19—20 层，100044
http://www.chgslcbs.cn
投稿热线：010-58302907（总编室）
投稿邮箱：1621239583@qq.com

工商联版图书
版权所有　侵权必究

凡本社图书出现印装质量问题，
请与印务部联系。
联系电话：010-58302915

自序

商业模式——企业经营第一课

商业模式，一个令人激动人心的课题。

商业模式是企业创新发展的核心系统，是以企业家创意、企业整体战略、产业价值链构建起来的，能够为企业提供整体化战略方案，解决企业发展难题，帮助企业创新升级。一个没有商业模式的企业，无论企业最初的资金有多充足、规模有多大，终将走向衰败。

我在进行落地辅导的时候发现，大部分企业经营出现困难，不是因为战略或者年度经营计划出现问题，而是因为商业模式出现了问题。曾经有一项统计显示，在创业公司当中，由于没有找到正确商业模式而导致失败的企业接近50%。

如今的商业竞争已从产品竞争转为商业模式的竞争，谁选择了正确的商业模式，谁就拥有了话语权。因此，商业模式对于企业而言，是企业生死存亡的关键选择。

5G时代的到来，将网络的边界进一步延展开来，消费者信息与产业布局在互联网中的渗透更加彻底，因此一定会催生出更多全新的商业模式。如何抓住5G的风口，重塑商业模式，是我们当下应该也是必须考虑的问题。

5G时代，流量爆发，万物智联。有了5G技术的加持，企业在进行商业模式创新时就更加有了方向与底气。技术的革新必将带来商业格局的重塑，如果说5G改变社会，那么5G下的商业模式必将改变企业发展。

一方面，5G时代的到来将引发消费市场的巨变。随着5G商用开启，消费市场也朝着智能化更进一步。企业应从中感知消费市场的变化，通过特有的商业模式，实现突围。

另一方面，5G技术的发展将触发消费者全新需求。技术的革新能够创造出意想不到的消费者需求，为企业创新商业模式提供战略选择。无论是消费场景的全新升级还是智能化的购物体验，都为消费者提供了更多的选择，因此，企业应更加注重商业模式的创新，争取抢先入局，赢得先机。

作为企业追求最有效、最长久盈利的最佳路径，企业该如何在竞争激烈的时代中制定适合自己的商业模式呢？

一个行之有效的商业模式，绝不是商业资源的罗列，更不是各种营销策略的简单堆砌，而是依据商业逻辑与商业价值为企业搭建的价值系统。在企业经营与发展中，商业模式能够为企业提供正确的战略抉择，帮助企业获取更多的消费者，从而刺激消费者消费，实现企业的长期价值增长。

在企业经营过程中，可以通过定位细分市场、提供价值服务、销售和营销渠道搭建、客户关系构建、收入模式打造、寻找核心资源、确定主营业务、寻找合作伙伴、设计成本结构等九个因素，制定出适合自己企业发展的商业模式。

通过上面九个因素我们可以发现，只有各种要素有机地结合起来，互相联系、互相配合、互相协调，才能共同发挥作用。

这是一个商业模式频出，市场竞争激烈的时代。企业只有在浩如烟海的商业模式中选取一个适合你的商业模式，并能够加以创新，才能拥有战略优势，获得持续性优势。

当然，商业模式的重塑与选择要根据企业自身的发展状态，不能盲目照搬。本书将由浅入深，环环相扣，解密 5G 时代商业模式的商业化运用，告诉企业如何通过商业模式重塑商业化未来。

商业模式——企业经营第一课，你准备好了吗？

2021 年 5 月 8 日　于广州

目录
CONTENTS

第一章　开启智联万物时代 / 1
　　第一节　2G 兴起，门户网站林立 / 3
　　第二节　3G 发展，智能手机普及 / 7
　　第三节　4G 演化，直播视频正盛 / 13
　　第四节　5G 未来，重构商业应用 / 17

第二章　积聚商业发展潜能 / 21
　　第一节　5G 技术，企业上云风口起势 / 23
　　第二节　5G 生活，实现网随人动目标 / 27
　　第三节　5G 产业，孵化 AI 智能商业 / 31
　　第四节　5G 趋势，抓住未来十年红利 / 37

第三章　突破 4G 增长极限 / 43
　　第一节　定义圈层维度，设计 5G 规则 / 45
　　第二节　设置营销前置，刷新 5G 模式 / 51

第三节　触发需求引擎，直击 5G 用户 / 57
第四节　增加覆盖面积，形成 5G 机制 / 63

第四章　布局未来 5G 市场 / 69

第一节　基础：物联化是大势所趋 / 71
第二节　关键：及时引入机器学习 / 77
第三节　扩张：机器取代人工决策 / 83
第四节　核心：数据与数据的交换 / 89

第五章　在碰撞中再创巅峰 / 95

第一节　5G 思维，与未来对接的全新思路 / 97
第二节　5G 战略，头部效应的生存策略 / 103
第三节　5G 模式，无限拓宽企业潜力上限 / 109
第四节　5G 革命，助力企业升级发展前景 / 115

第六章　踩准 5G 建设基点 / 121

第一节　打造 5G 爆品，只为颠覆而生 / 123
第二节　建立 5G 平台，掌握价值趋势 / 129
第三节　领先 5G 技术，建立竞争优势 / 135
第四节　赋能 5G 品牌，提升输出价值 / 141

第七章　构建企业生态闭环 / 147

第一节　构建商业画布图，实现单点突破 / 149
第二节　嵌入企业盈利点，实现商业闭环 / 157

第三节　加强闭环产业链，推动双向融合 / 163
　　第四节　提高流量变现率，缩短闭环周期 / 171

第八章　引爆未来商业模式 / 177
　　第一节　5G时代的商业核心要求 / 179
　　第二节　5G时代重塑商业化模式 / 185
　　第三节　5G时代重塑商业化应用 / 197

第一章
开启智联万物时代

纵观世界经济发展不难发现,自进入21世纪后,以人工智能、量子信息、移动通信、物联网、区块链为代表的新一代信息技术加速突破应用和高速成长已引发全球经济发展变革。其中,移动通信技术的研究和发展建设则是科技革命、产业升级与商业变革的核心引擎。从发展的角度来说,移动通信技术一直是关乎国计民生领域的关键所在。

历史上,移动通信被大多数国家用来打造竞争优势的"战略必争地",其中以欧美、日韩等发达国家对移动通信的重视可见一斑。如今,5G作为移动通信最新发展阶段更是被誉为"数字经济新引擎",它作为人工智能、物联网和区块链等新兴数字技术的基础,未来将为"中国制造2025"和"工业4.0"战略发展蓝图提供重要支撑。可以说,谁主导了5G,谁就占据了未来商战的战略制高点。

第一章

天皇親政と神祇信仰

第一章 开启智联万物时代

第一节 2G兴起，门户网站林立

从农业社会到工业兴起，再到信息化，每个时代都在实践从无到有，从0到1的梦想传承。从20世纪80年代初引入1G以来，中国的无线移动通信技术以每10年为期的频率发生的迭代创新发展。这个"G"指的是Generation，也就是"代"的意思。简而言之，1G则是指第一代移动通信系统，以此类推2G、3G、4G、5G则分别指第二、三、四、五代移动通信系统。

从1G发展至今天的5G是通信技术行业更新换代的必然，也是历史发展的必然。

◇ 2G，中国通信技术的门槛

2G，以数字语音传输技术为核心，以收集技术为例来看，则是从模拟通信升级至数字通信，最好的代表是第二代手机通信技术引入了呼叫、图片信息、文本加密以及SMS、MMS等数据服务规格。

心细的人士可能已经发现，一些比较旧的手机外包装的网络制式上会写着"GSM、CDMA"的字样，GSM 和 CDMA 是我们所说的频率。频率越高，频率资源越丰富，我们可以使用的频率资源就会相对丰富，实现的传输速率就会越高。这也就说明从 1G、2G、3G、4G 再到 5G，我们使用的电磁波频率一直是逐渐增高的。

2G 是数字语音时代，是以数字语音传输为核心，并且支持上网功能，也就是 Wap 网络。这就是为什么在 2G 时代我们只能拿着手机看小说，但是到了 5G 时代，我们可以整天捧着手机刷小视频、看直播的原因。

对中国而言，1G 和 2G 时代的发展是缓慢的。1987 年，中国广州出现了第一个 1G 网络，但与先进国家部署 1G 网络的时间相比，中国落后了近 10 年。换句话说，在通信技术发展上，中国与国际主流国家差了整整一个时代。

1995 年，中国正式接入国际互联网的第二年，中国移动开始使用爱立信提供的设备、欧洲电信标准委员会提出的 GSM 技术建立 2G 网络。也就是此时，中国才开始 GSM 制式 2G 网络的建设。时隔四年，中国联通通过与高通谈判构建引进基于 CDMA 技术的 2G 网络技术，历经三年尘埃落定。而在 2000 年，日本和韩国就开始颁发 3G 牌照了。

时间差距不是最为致命的，技术的落后是受制于人的关键。因为那时中国的 2G 网络全程建设几乎都要依赖进口的设备，从基站建设到手机技术无不如此。即便如此，2G 通信技术在中国的通信行业依然站位 10 年之久。

2009 年，被业界称为"3G 的美好时代"，彼时的日本、芬兰、韩国等国家的电信公司相继关闭了 2G 网络，而中国却在为 2G 时代不断奋力。中国 2G 作为中国通信业的开始，国家在 2G 网络覆盖方面已经做到最广泛最全面。

第一章
开启智联万物时代

✧ 2G，开启手机上网时代

2G 时代较之 1G 而言，主要业务依旧是以数字语音传输技术为核心的。但是除此之外，在这期间悄然发展起来了还有文本短信服务。因为很多人钟情于短信业务，对手机的使用需求不再局限于拨打电话这个单一方式。这在 2G 时代是比较新潮的业务板块，也是当时通信技术产业中比较前卫的业务类型。甚至后来有人说微博设置的 140 字上限就是对 2G 时代的一种致敬。

为了配合 2G 技术的发展，很多新兴服务业务也逐渐走进人们的视野，诸如数据服务，包括随之延伸的数字手机也逐步登上舞台。从第一代模拟移动电话走向第二代数字移动电话，发生在 20 世纪末。这一时期，正是因为多种因素交织融合，恰好促成了 2G 技术在全球范围大发展的行业盛况。

无论是互联网技术产业还是手机产业，在中国的发展时间都不能称之为长久。从 1G 时代以摩托罗拉为代表的大哥大手机到 2G 时代以诺基亚为代表的手机，中国通信技术行业经历了艰难的探索与成长。

20 世纪 90 年代末期，中国的信息业务依然是纸媒、广播和电视三足鼎立的天下。但是，随着经济的迅猛发展，无论是传统企业还是新兴的产业对信息的渴求已经供不应求。换句话说，无论是纸媒还是广播及电视等媒体所提供的信息从传播实效的滞后上都难以满足用户需求。

每一次的信息通信技术的升级，都会给我们带来各种想象不到应用场景。当然伴随着很多质疑声，我们在享受这些应用带来便利的同时，则会不断接纳新一代的网络升级。

对于很多"80 后"来说，用手机看只有文字的 QQ 空间是最好的年代。每个月付费定制一份"手机报"，开启电子阅读的体验也别有风味；通过一声咳嗽便知晓可能是有新的好友申请信息进来了；甚至是拿着半智能手机每天坐等论坛楼主更新小说都是司空见惯的。

2G时代天涯论坛、新浪门户、网易门户、人人网、贴吧论坛等网站应运而生，并迅速成长起来。

搜狐，这是中国第一家门户网站。彼时的中国互联网舞台上，只有张朝阳和他的搜狐，竞争对手还未成长起来。可以毫不客气地说，搜狐以中国第一家门户网站的绝对地位独享巨大的互联网红利。

在巨大的互联网红利面前，从搜狐到新浪，在门户网站林立的2G时代，它们以门户网站进入大众的视野，并快速受到资本青睐的程度，以及上市的速度堪称一个时代的奇迹。

纵观移动通信技术的发展史，无论是1G、2G、3G还是4G，时至当下的5G，新旧技术的过渡，都会带来史无前例的创新和通信技术的升级。但是对于用户而言，从认识、熟悉到掌握新的技术应用特性，已经能够快速地适应和应用。

第二节 3G 发展，智能手机普及

3G 时代，史蒂夫·乔布斯通过一部 iPhone 4 手机给我们带来了一场跨时代的体验。2010 年苹果公司在美国旧金山 Moscone West 会展中心召开了"2010 年苹果全球开发者大会"。在会上，史蒂夫·乔布斯通过声情并茂的演示，为世界展示了苹果第 4 代手机——iPhone 4 的创新功能。这是一场震碎了全球消费者甚至包括很多手机生产厂商对智能手机的固有观念的发布会。

乔布斯介绍 iPhone 4 时，用三个"全新"来展示它的创新技术，即全新的工业设计、全新的摄像头、全新的视网膜显示屏，甚至还有 100 多项新功能。业界人士则认为，iPhone 4 是手机历史上一款划时代的、具有里程碑意义的手机，它领先于时代，并开启了全球智能手机的新方向。

◆ 3G 发展，站位国际标准

3G 系统致力于为用户提供更好的信息服务，如语音、文本和数据服务等。换句话说，3G 服务能够同时为用户提供更多的数据资源，如传送声音（通话）及数据信息（电子邮件、即时通信）等。

2000 年年初，中国对 3G 时代的描绘已经呈现出了美好的愿景，不仅能够实现用户随时随地打电话、发短信、上网，还能通过数据服务进行观看影片、游戏、视频通话等休闲娱乐。如今，事实证明，当初的预测相当准确。

与 2G 技术相比较而言，3G 技术的主要优点更加显而易见，不仅能极大地增加系统容量，而且能提高通信质量和数据传输速率。3G 时代的通信标准较之 2G 技术，在信息的传输率提高了一个数量级，这是一个质的飞跃。3G 技术的应用完成了移动互联网的数据通信功能，手机打电话的功能反而降到了次要的位置。

3G 通信是在 2G 时代的数字移动通信市场蓬勃发展中经历了第一代模拟技术下引入的。

2000 年 5 月，第三代移动通信标准正式公布，中国提交的 TD-SCDMA 与欧洲 W-CDMA、美国 CDMA2000 正式成为 3G 时代最主流的三大技术之一。

2008 年 12 月 31 日，国务院常务会议指出，TD-SCDMA 作为第三代移动通信国际标准，不仅是中国科技自主创新的重要标志，在未来发展上，国家在研发、产业化和应用推广都给予了大力支持。

2009 年 1 月 7 日标志中国正式进入 3G 时代，工业和信息化部为中国移动、中国电信和中国联通发放 3 张第三代移动通信（3G）牌照。

3G 牌照的发放，对于中国移动通信发展具有划时代的意义。从电子行业发展角度来看，3G 牌照的发放也为中国电子商务未来的发展提供了新的契机。

第一章
开启智联万物时代

✧ 3G 时代，智能手机的应用

3G 移动通信最大的特点之一是可实现全球漫游。打破了时间和空间距离的约束，让用户可以在任意时间、任意地点，甚至任意人之间的交流得以实现。第二个主要特点是 3G 时代支持高速数据传输，能够实现网上读报纸、查信息，甚至下载文件和图片。加之带宽的提高，上传和下载速度都远远超过 2G 时代传输能力，不仅可以传输图像，还能够提供可视电话业务。

3G 技术让手机功能进一步强大，诺基亚以塞班 S60 系统打造了首个智能手机概念，虽然功能是换主题、破解软件和玩一些小应用，但是这个系统已经让用户首次体验到了智能的乐趣。随着 3G 的发展，业内人士则表示，3G 时代从某种形式上可称为是当今移动互联网生活的雏形。

3G 的到来，使服务提供商有机会大幅提升消费者享受无线网络购物和商务应用的体验。最先普及的 3G 应用是"无线宽带上网"，六亿的手机用户随时随地手机上网，这是一个庞大的应用基数。宽带上网是 3G 手机的一项很重要的功能，用户仅仅通过一部手机上，就能收发语音邮件、写博客、聊天、相关知识的搜索、图铃下载……尽管当时网络速度还不能让用户非常满意，但却确切地标志着 3G 时代来了。

手机的视频通话功能在国外是最为流行的 3G 服务之一，也是被谈论得最多的一项功能。3G 时代，传统的语音通话已经算是一个被弱化的功能了，视频通话和语音信箱等新业务逐渐占据主流地位。视频通话的崛起首先是视觉冲击力太强，其次是用户体验度好，所以在无形中促进了视频通话会更加普及和飞速发展。用过 QQ、MSN 或 Skype 的视频聊天功能，与远方的亲人、朋友"面对面"地聊天的人，可能在第一次使用时都体验了

9

一把"面谈"。拨打视频电话不再是把手机放在耳边，而是面对手机，这是一种使用方式的创新，当用户再戴上有线耳麦或蓝牙耳麦在手机屏幕上看到对方影像时，这种体验也是一种创新。

从运营商层面来说，3G牌照的发放首先解决了一个很大的技术障碍，与传统的OA系统相比，商务办公摆脱了传统OA局限于局域网的桎梏，TD和CMMB等标准的建设也推动了整个行业的发展。同时，以手机流媒体软件为载体的办公应用成为3G时代使用最多的功能。如手机电视软件的应用，由于技术壁垒的不断突破，推动了视频影像的流畅和画面质量的提升，随着发展的推进，已被大规模应用。

对用户来说尤其是办公人员，他们可以随时随地访问政府和企业的数据库，进行实时办公和业务处理，极大地提高了办公效率。随时随地用手机搜索的功能，已经变成越来越多手机用户一种平常的生活习惯。

3G时代，手机音乐也是其重要的应用功能之一。用户只要在手机上安装一款音乐软件，就能通过网络，就能让手机随时随地变身音乐魔盒。在无线互联网发展成熟的日本，其音乐下载的速度更加高效，用户通过手机上网下载音乐是电脑的50倍。

除了娱乐与办公外，手机购物也是不能或缺的功能之一。大多数人都有在淘宝上购物的经历，从购物网站到购物商城，用户的接受能力也在随着技术的持续发展变得越来越强。相关数据显示，90%的日本韩国手机用户都已经习惯在手机上消费，从服装到百货甚至是购买大米、洗衣粉这样的日常生活用品都在手机上实现。在当时，诸多专家预计，高速3G时代可以让手机购物变得更实在、更加高效，因为商家店铺展示的高质量的图片与视频能拉近与消费者的距离，提高购物体验。

在3G时代，手机网游也是一个重要话题。与电脑网游相比，手机网

第一章
开启智联万物时代

游的体验在当时并不好，但是胜在方便携带，随时随地都可以玩，成功吸引了一部分热衷网游的年轻人。3G技术的不断更新发展，促进了游戏平台更加稳定，兼容性更高，最终满足了用户"更好玩了"的体验。

总之，3G技术的迭代出现，让移动互联网和手机技术得到了超前发展，也让用户有了视觉和行为上的超级体验。

第三节　4G 演化，直播视频正盛

2013 年 12 月 4 日下午，随着工业和信息化部正式发放 4G 牌照，中国通信行业也正式宣布进入 4G 时代。

从数据速率上看，4G 系统比拨号上网快 2000 倍；从使用角度看，4G 网络基本上能够满足几乎所有用户对于无线服务的要求；从用户最为关注的价格方面讲，4G 网络计费方式更加灵活机动，用户完全可以根据自身的需求选择合适自己的计费服务。

4G 牌照的正式发放之于中国通信行业有着至关重要的影响，它的出现不仅改变了通信运营商的运营方式，而且在芯片、终端、设备厂商、行业应用等整个产业链的发展中都产生了巨大影响。最直观的体现就是，网上的提升直接引领中国市场迎来了移动互联网应用的爆发式发展。

◇ 4G，属于视频的时代

在第三代无线通信技术刚刚要焕发青春的 2013 年，4G 牌照的发放也初见端倪。在 4G 牌照还未发放之前，中国移动、中国联通和中国电信作为中国三大巨头的移动网络运营商已经未雨绸缪，正在做迎接 4G 的各方面的准备工作。

从 4G 时代开始，看直播和刷短视频慢慢"入侵"了我们的生活。2015 年 10 月 17 日，中国移动温州分公司在鹿城区人民路营业厅举行了一场"移动 4G+ 高清语音品鉴会"。在品鉴会上，记者以体验者的身份率先体验了一把现场"4G+ 高清语音"带来的身临其境之感。通过视频连线位于会展中心的温州网现场记者，将其现场采访以实景投放在移动营业厅上。此次的视频连线不再是普通的连线报道，而是展示通过视频拍摄现场情景达成即时传递的体验测试。

更短的接通时间，更清晰的音质，更逼真的视频质量，是 4G 时代呈现出来的最直接的视频体验，也是 4G 网络下视频盛行的技术基础。

短片视频，主要依托在移动智能端实现快速拍摄和美化编辑，能够以秒为计数单位在社交媒体平台上实时分享的一种小视频形式。在 4G 网络的应用中，使用手机观看视频已经大势所趋，也是 4G 技术的运用让人们随时随地拍摄视频成为必然。随着 4G 网络技术发展的不断成熟，"短平快"的小视频已经成为人们生活中不可或缺的一部分。

短视频由于时长短、内容丰富，搭载平台灵活等特点，已经成为人们无法割舍的社交工具，它在影响我们生活的同时，也改变了传统信息传播的格局。经过几年的发展，短视频已经成为一种全新的媒体传播形态。无论是微博还是微信，或者抖音、快手等，它们都可以通过短视频进行互动，一如 2G、3G 时代通过文字图片进行互动交流一样。由此可见，4G 时代已然属于视频时代。

第一章
开启智联万物时代

✧ 4G，开启市场盛宴

4G时代的快速网络传输不仅支持很多高清视频而且还有更多市场应用前景。无论对国内还是国外电信设备商而言，第四代移动通信技术的商用意味着更多的商机和蓝海市场，以及新的盈利空间。对于政府而言，4G对比3G峰值速率达到100Mbps，整整提升50倍，无论是投资还是消费都会成为经济新的增长点。

从整体上看，4G技术具有更高质量的服务功能，让用户可以随时随地进行高清视频通话、观看高清电视、高清直播等。在休闲娱乐方面，手机网游获得了更大的市场空间，因为4G网络更加流畅的网速和低延迟，同时满足了多人实时对战的效果。

4G时代和3G时代在智能追求上出现了明显差异，从它对智能手机提出更高的要求就可见一斑。大内存、大电池等要求开始成为衡量一台智能手机优劣的关键标准。随着技术的发展，在满足性能需求之后，手机外观设计也开始成为影响用户体验和价值追求的关键因素。

随着4G的普及，很多商用办公都能脱离电脑在智能手机上实现操作。应用场景的不断扩展与延伸下，智能手机终端在硬件性能、技术研发等多方面也进一步升级，为满足市场不同的需求而迭代更新。

2015年才是4G真正大众化的一年，手机支付、各种二维码、外卖软件和打车软件更是如雨后春笋一样出现，带给人们更加便捷的4G生活。

4G网络时代，手机远程协作的功能开始得到不断的强化。即用户通过手机上的相关应用可以实现远程控制电脑完成办公需要，反过来在电脑上远程控制绑定的手机来完成业务。这项应用的加入让相距万里的用户实现了一种新的互动方式，更给人们的生活和工作带来新的应用冲击。

4G网络所带来的这些新的功能和应用，对手机产业而言又是一段难得的发展时期。科技技术的发展永不止步，4G技术随着数据通信与多媒体业务的发展也在向更高层次升级，更在催生第五代移动通信网络的兴起。

第四节　5G 未来，重构商业应用

5G 是最新一代蜂窝移动通信技术，是 4G（LTE-A、WiMax）、3G（UMTS、LTE）和 2G（GSM）系统的延伸。

从 2G 兴起到开启 5G 时代，作为使用者，用户最直观的感受莫过于网速的提升，以及应用方式的不断颠覆，如从短信到图片到短视频再到随时随地的直播，几乎都是源自网络的快速发展。如果说从 2G 到 4G 是一步一个脚印的阶段式提升，那么迈进 5G 时代则是跨阶段式的提升，从网速便能看出这一点。就目前而言，5G 网络的性能目标是高速度、泛在网、低功耗、低时延、节省能源、降低成本、提高系统容量和大规模设备连接。

5G 网络其峰值理论传输速度可达每秒数 10Gb，比 4G 网络的传输速度快数百倍。举一个简单的例子来说，一部 1G 的电影在 5G 网络下仅用 8 秒便可下载完成。5G 互联网时代代表着高带宽和低延迟，1Gbps 的峰值网速、空中接口时延低于 1 毫秒。5G 时代，最基本的快速下载是用户常规使用的功能，它还将是支持物联网、AR、VR、自动驾驶、人工智能等应用的基础平台。

✧ 5G，生活方式的颠覆

5G 的到来，可以说是 1G 到 4G 通信技术升级的再一次缩影。如 2G 带来全新的上网体验、3G 为用户带来全新的软件服务、4G 则为用户提供了多元的应用追求和全新的硬件标准。5G 技术的研发与应用将带来更多的可能性。

2019 年 11 月 1 日，中国三大运营商正式上线 5G 商用套餐。实际上，5G 产业的爆发点不只在于手机，未来家电、汽车甚至所有设备都会联网，万物互联是必然趋势。

5G 时代是网络大融合的时代，计算机互联网行业和通信行业的垂直交叉会形成一个新的大产业。很多业内人士估算，5G 的市场规模应该是未来新的大市场的规模扣除今天这两个市场规模的总和，甚至会超出更多。

时代在发展，社会在进步。随着时代的变迁，越来越多的时代产物将被淘汰，而 5G 时代的到来也会让每种事物加速运行。

5G 时代的到来不可避免，它将会对我们的生活带来哪些翻天覆地的变化？

以 5G 自身具备的特点而言，超高清视频、超高精度定位、AR/VR 等前端技术必将推动以 5G 为核心的泛在智能基础设施深度发展，不断融合到人们生活和娱乐中。随着人们体验度的提高并逐步渗透到生活的方方面面。

首先是让人们真正地走进了万物互联的时代。互联网将人与人紧紧联系在一起，而物联网则是真正意义上的万物联网。除了人，所有的万物都联网，储存在物联网世界！在这里，任何物体都被符号化，它们只是这物联网世界中的一个代码。

二是智能家居的平常化。由于4G网络数据传输速度慢的制约，智能家居发展在此前并不理想，总体效果是响应速度迟缓。而5G时代传输速度的显著提升，在理论上完全可以满足智能家居设备之间数据交互、设备与云端数据交互的需求，同时可以连接更多的终端产品，响应速度和精确度都有一个显著的提升。

三是VR技术趋于成熟。我们在4G时代已经享受到了VR虚拟现实带来的成果，但美中不足的是，体验价值和付费价格不匹配。5G时代在大数据、快运算、高网速的带动下，将颠覆以往的虚拟技术，势必推动VR行业全面改革，至少它可以解决VR产品在延迟上的技术问题。

✧ 5G，赋能商业新模式

2020年7月23日，第19届中国互联网大会以网络大会形式在线召开，在线上论坛环节中，中国电信集团有限公司总经理、党组副书记李正茂做了题为《5G与云网融合 赋能产业新未来》的发言，他在发言中指出，"5G时代的重点在于'万物互联'，5G构建起万物互联的核心基础能力，不仅带来了更快更好的网络通信，更肩负起了赋能各行各业的历史使命。因此5G对互联网的影响非常大。"

5G时代快速发展加速了互联网行业的变革，让人们亲身体验了从消费互联网向产业互联网跃迁的技术变革。在过去20年里，腾讯、百度、字节跳动等是消费互联网企业的代表，但如今，他们的红利优势正在逐渐减退，以5G技术、云计算、人工智能等信息技术则开始以新的形式不断发展，从引领互联网技术创新为切入点促进经济转型升级。

随着5G技术日渐成熟，应用场景更加广泛，已经对互联网、大数据、云计算、物联网、人工智能等关联领域产生了裂变式发展，尤其是在制造业、农业、金融、教育、医疗、社交等垂直行业赋予了新应用。

以传统制造业来说，5G技术可以为制造商带去自动化、人工智能。通过5G移动网络实现远程控制，如可以通过数据分析技术监控和重新配置资源再分配，有效减低资源成本，与物联网融合实现机械和设备的自我优化，从而形成"智能工厂"。当然，不仅是制造业，很多其他产业也会随着5G技术的深入应用，延伸出更多的5G应用场景。

如果说，此前的3G、4G解决了快速上网和看视频的问题，那么5G时代则首次把重点转向垂直行业市场需求的支持上。5G通过全新的性能解决了差异化和碎片化的业务需求，进一步深度赋能垂直行业的应用。

在"抗疫之年"中，5G的身影则是落在远程医疗上。以智慧医疗为例，在高速稳定的5G网络条件下通过4K/8K模式完美"还原"病人情况，实现超高清视频数据的回传，让医生在远程条件下对病灶判断更精准。通过5G远程会诊室可实现群策群力，助力两地医生高效完成治疗。

如果说2019年是5G商用元年，那么2020年就是5G商用普及之年，也是5G深度赋能垂直价值的提升期。随着5G大规模商用普及，千行百业在5G融合方面都已逐步开展商业部署。对于运营商而言，能否达成产业跃迁成功，关键在于垂直价值提升期能否占据主导地位，只有深度获得5G赋能，才能获得无限的终端商机。

第二章
积聚商业发展潜能

从1G、2G欧美商用之时中国信息技术几乎空白，到3G商用中国已经紧随欧美其后，再到4G时代中国实现与世界同行，5G移动通信技术对中国而言具有更为宏观的意义。5G是升级转型为现代化信息强国"弯道超车"的机会，标志着中国科技创新实现了真正意义上的厚积薄发。

当下，中国5G技术居于领先地位，为夺取工业革命主动权赢得巨大优势，也使国家在5G时代成为世界经济主导者成为可能。而随着5G带来的信息感知和万物互联，世界也将开启颠覆想象的万物智能的新局面。

面对即将呼啸而至的智能未来，只有充分释放基于5G技术的商业潜能，打造持续演进的目标网，以优质的产品解决方案和服务在新一轮发展红利期站住脚，才能支撑数字时代下的商业成功，赢得未来。

第二章

民族的成立前後

第二章
积聚商业发展潜能

第一节　5G 技术，企业上云风口起势

早在 2016 年，习近平总书记在全国科技创新大会、两院院士大会、中国科协第九次全国代表大会上发表重要讲话时强调："在我们发展新的历史起点上，把科技创新摆在更加重要位置，吹响建设世界科技强国的号角。"实践表明，创新是一个国家与民族进步的灵魂，而科技则是一个国家强大兴盛的基石。

2018 年，习近平总书记在北京大学考察时依然强调科技的重要性，"重大科技创新成果是国之重器、国之利器，必须牢牢掌握在自己手上，必须依靠自力更生、自主创新。"随着时代的发展，我们更加坚定科技就是国之重器。抗疫期间，中国的"北斗"系统为火神山医院和雷神山医院的建设提供了精确的测量数据，为医院的建成争取到了大量的宝贵时间。彼时 5G、AI、云计算、大数据等新技术在疫情期间展现出强大的作用，也使得"5G 技术"在疫情中以更多应用的角色走入大众视野。

◇ 科技是第一生产力，5G 为企业发展提供持续驱动力

从历史来看，人类社会就是一部科技进步史。纵观人类社会的发展历程，无论是农业社会还是工业社会，甚至是到今天的信息社会，社会经济形态发生巨大变革的主因总是与科技演进息息相关。

追溯信息技术演化进程，我们可以看出，进入 21 世纪以来，从互联网到移动互联网，新兴技术一直在持续不断的演进，更重要的是它一直起到引领性作用，尤其是关键性技术在时代发展中占据了主导地位。到今天，以互联网技术为核心代表的新科技，更是在互联网、大数据、云计算、高速通信网络、物联网、人工智能等方面展示出了决定性主导地位。

在中国提出的"中国制造"十大重点领域当中，"新一代信息技术"排在首位。其中"下一代通信网络"则是新一代信息技术的六大重点领域中的领头羊，也是我们目前所说的 5G 技术。由此可见，5G 技术成为当下中国经济发展的关键引擎，是历史的必然。

如果说从 1G 到 4G 是满足人与人之间通信为主的人联网，那么 5G 技术下的网络将从更广泛的层次上形成万物互联，它将引领新时代信息化变革。

凡益之道，与时偕行。每个时代变局的背后，往往伴随着大危机，但在危机中同样蕴藏着无限的机遇。在互联网刚刚开启时，有些企业善于在危机中抓住机遇，最终实现了腾飞，但也有一些企业未能与时俱进，则湮灭于时代浪潮中。那些能够顺应时代发展借势而上的企业不仅抓住了机遇，而且在发展上也积淀了推动企业发展的技术驱动。

当下，一个新的机遇已经到来。5G 技术的应用将远超此前任何一代移动通信技术的变革。以 5G 技术为代表的信息技术，已经成为新的生产力，它在垂直行业的应用中蕴藏着更加诱人的机遇。尤其是 2019 年以来，伴

第二章
积聚商业发展潜能

随着5G技术的商用，它将给予更多行业尤其是垂直行业更多新的可能性，为其增添新经济增长动能。作为新一代信息基础设施的重要组成部分，5G不仅突破了人与人的通信，而且实现了人、机、物的全面互联，这也体现了5G技术的一个关键特点——打造产业链的合力。

随着信息化深入发展，5G技术作为新技术在发展上已经渐入佳境，它将成为企业尤其是传统企业的"赋能者"。5G技术的商用加速了产业链上下游各环节产品的开发进程，也加速了各个环节不断革新的进程，从而让产业不断提速提质。5G技术与大数据、人工智能的进一步结合，必将成为促进各行各业技术领域持续创新发展的关键驱动。尤其是在传统产业创新发展、转型升级上起到助推器和催化剂效用。

✧ 5G技术，推动产业全面升级

5G技术具有大带宽、海量连接、低时延三大显著特性。正是基于这些特点，5G技术之于传统领域发展的重要性才更加凸显，才能在传统领域延伸出丰富的应用场景，才能在传统产业的研发生产、运营管理和市场营销等各个环节进行赋能，以此推动传统产业加速数字化改造和转型升级。5G技术的全面商用，将催生出更多全新业态，带来产业变革。"4G改变生活，5G改变社会"，作为当代一个口号，正向着众多平台渗入与融合。

2020开年的这场疫情，让我们更加直观地看到5G技术在智慧医疗上的应用。由于5G技术的介入，让远程手术解决了时效性的难点，极大地降低了手术事故的风险。鉴于5G技术的加持，VR虚拟实现技术与MR混合实现技术得到更好的运用，能够在远距离之外实时传送超高清手术画面，从而实现专家指导相隔数百里以外的手术团队完成手术。

除此之外，"5G+云门诊""5G+云病房"等互联网医疗也得到了全面应用。智慧医疗的成功运用将为病人提供更便利的服务，也为诊断和治疗突破了各种限制，同时也提高了诊疗、看护、辅助检查等方面的工作效率。

如果说互联网、大数据、云计算、物联网和人工智能是"高速列车"，那么5G作为全球科技革命中的引领技术就相当于"高速轨道"。5G技术的应用在解放生产力、促进就业创业和激发新型消费上，已经成为支撑经济社会高质量发展的"新基建"，对企业发展带来重大而深远的影响。5G技术既要从根本上改变移动网络的现状，又要赋能各行各业，打通众行业之间的协作，从而带动5G相关产品与服务市场的发展。

5G网络建设如今已经成为我国发展建设的重中之重，推动5G网络建设，不仅有利于保障我国网络的安全，而且能够充分发挥其带动作用，推动我国经济高质量发展，帮助众多企业赢得发展新机遇。

从技术对产业发展环节的影响来看，5G技术将推动中国经济进入大转型时代，也将引领企业凭云风口顺势而起、借势而为。

第二章
积聚商业发展潜能

第二节　5G 生活，实现网随人动目标

　　5G 作为一项颠覆性、引领性的技术，改变我们的生活毋庸置疑。自从 2019 年 6 月工信部颁发第一批 5G 商用牌照以来，我们的生产生活已经被 5G 带到了一种前所未有的体验中。

　　数据总是力透纸背。2020 年 1–7 月，全国 5G 手机已经累计售出 7750 多万部，达到同期手机出货量的 44.2%；截至同年 8 月底，我国 5G 用户数量已超过 1.1 亿。从 5G 手机刚在我国上市时仅有十多款可供消费者选择，到如今早已发展到数百款。随着 5G 手机款式的增多，价格也逐步趋向全面，从最初五千元起步，到现在千余元就可以买到，产品梯度逐渐完备。这也意味着，5G 将继续向消费者的生活进发，迅速融入社会当中。

　　随着万物智联时代的深入，5G 以其自身的超高速率迅速融入我们生活的各个方面。消费者通过点击手机，就能实现"试穿"功能，在屏幕上直观看到鞋子上脚后的效果，免去了脱鞋、穿鞋动作；通过戴上一部 VR 眼镜，消费者就能体验一场模拟检修车辆；在游戏场景中通过 5G 技术的加

持，游戏时延则由 4G 网络时的 100 毫秒提升到 20 毫秒，让玩家体验倍感尽兴。

大带宽、海量连接、低时延都展现出了 5G 技术的科技之力，也展示出了 5G 场景应用的广泛性。

◇ 5G 关键技术，以用户为中心

什么是"以用户为中心"？以用户为中心就是将用户作为消费体验主体，而加入 5G 关键技术的"以用户为中心"是能够为用户提供更高质量的消费体验，并为其提供个性化服务。随着移动互联网、云计算、大数据与人工智能的快速发展，商业生态价值链在互联网思维影响下被重塑，无论是从产品设计逻辑，还是从服务提供方式的转变上就可见一斑。

以用户为中心成为全行业的共识，体验成为决定成败的关键。与 4G 移动通信系统的区别在于，业务驱动是 5G 技术的关键，因此增强用户体验才是 5G 发展的动力来源。简单理解即是，5G 技术需要依据不同的业务特征来为用户提供个性化的服务，如用户想要获得更加极致的上网体验，必然离不开高传输速率，而 5G 技术的出现，正能够为其提供超高的传输速率，达到用户满意。此外，在万物互联的大背景之下，众多领域将更注重低延迟的通信，5G 技术的低延迟特性就可以作为支撑，推动市场发展。

5G 技术以用户为中心的个性化服务，不仅要在管道上做到精细化，而且要更加智能化。移动数据业务的爆炸式增长推动了移动通信的快速发展，"5G+大数据"能够收集用户的全面信息，从而提取有价值的关键点，深度分析用户行为，为企业提供策略。例如可以通过分析用户每天通勤的运动轨迹，为其提供更加优化的通勤路线；可以对用户不同业务类型的偏好程度分析，为其提供合理化指导方案。

第二章
积聚商业发展潜能

2G 的出现将移动通信普及开来，3G 带来时代的发展，4G 促进了时代繁荣，从最初满足语音、文字传达的需求到后来的传送图片、视频，这一进程为用户提供与时俱进的体验。

当下，万物互联已经以锐不可当的趋势席卷全球。随着 5G 技术的普及，企业如何利用 5G 技术实现消费场景的升级与转化，如何以用户为中心增强消费体验，成为企业发展的聚焦点。

◇ 全面智能，网随人动

传统的网络架构是用户在使用网络时要"追着网跑"，即是以网络本身为中心的运营体系。这样的体系要受到网络接入条件的限制，接入之后的安全策略和配置内容也和端口绑定。如果不是基于用户身份，给使用者带来的体验并不是很好。首先是这种网络的安全性越高、配置越复杂，其灵活性也相应越差；其次是削减了企业办公效率。

5G 从标准制定到技术实现都力图达到构建以用户为中心的目标。5G 网络通过多方面的改变，始终围绕着以用户为中心进行网络资源的配置，有效解决了网络覆盖不均匀、干扰强等网络问题，给用户交出满意的答卷。

一方面，实现基于用户业务的站点资源动态整合。在传统无线网络中，相同时间内只能有一个基站为发起业务的用户服务，此时，其余的信号都被评判为干扰信号，导致用户周围的资源不能够被有效利用起来，减少了合作的可能性。5G 网络技术打破了这种站点与业务之间捆绑的既定模式，以"用户为中心"这个关键点进行资源的分配，减低业务受限。

另一方面，实现面向用户的无线覆盖动态调整。传统的网络覆盖是固定的只能通过增加站点来实现网络的更高覆盖。因此人只能跟着网络跑。5G 网络的优势则是能够利用专业技术将网络延伸至想要延伸的地方，实现

"网随人动"。

就远程办公而言，网随人动的最大优势就是改变办公地点的同时不影响办公效率。在过去，远程办公不现实，即便可以远程控制桌面，但也会有业务系统卡顿、甚至无法打开的情况，严重影响了办公效率。而有了5G技术的加持，网络便能够无限延伸至公司内网，即便不在公司，也能够实现与在公司一样的高效办公。

全面智能的时代已然开启，人们期待着生活的改变，企业也期待着时代的改变。5G生活，就是充分利用5G网络大带宽、低时延、高可靠的特性，为用户提供更加便利的生产生活方式，让用户体验更加直观、更加高效，服务更加精准。

第三节　5G产业，孵化AI智能商业

2020年5月22日公布的《政府工作报告》中，首次出现了"新基建"概念："重点支持既促消费惠民生又调结构增后劲的'两新一重'建设，主要是：加强新型基础设施建设，发展新一代信息网络，拓展5G应用，建设充电桩，推广新能源汽车，激发新消费需求、助力产业升级。"

当下，中国新基建围绕5G技术、人工智能、大数据中心、工业互联网等七大领域，全面推进产业数字化、网络化、智能化的转型升级。以5G和AI为核心的新一轮科技革命正赋能传统行业转型，通过人工智能、大数据等技术的突破，推动传统行业向智能化、共享化发展，传统行业与数据信息、能源、材料等领域的新兴使能赋能技术深度融合，成为产业跨界融合、科技创新的主要范式。

✧ 5G+AI，助力产业智能化发展

5G作为新基建之首，新基建之基，具有全民普惠性和产业延展性。同

时，5G还是社会信息流动的主动脉，产业转型升级的加速键和数字社会建设的主力军。而AI作为新基建的大脑，起到了带头作用，它是数字社会变革的新引擎，推动了5G和人工智能的建设，中国数字经济也因此加速前行，打造全新的产业生态和发展动能，构建中国引领全球新一轮信息技术革命的竞争力。

2019年的世界人工智能大会上，中国移动隆重发布了AI战略落地引擎——九天人工智能平台。经过一年的摸索与发展，中国移动正努力推进AI技术创新和应用研发，将规模化的商业价值、技术价值、社会价值始终当作AI发展的战略目标。

在2020年7月10日举行的"世界人工智能大会——AI新基建5G新机遇论坛"上，中国移动副总经理高同庆表示："5G+AI珠联璧合，AI让5G智能、5G使AI泛在，两者具有深刻的内在联系。"

面对新时代赋予的历史使命和责任重担，中国移动正在全力加速5G建设和运营。高同庆说："新基建正当时，5G+AI强引领，中国移动愿与业界朋友们共创新机遇，共享新成果。中国移动是全球规模最大的5G网络运营商，正致力于实现5G与人工智能、云计算大数据、边缘计算等新兴科技的深度融合创新，构建创世界一流的力量大厦，我们将继续秉承开放共赢的理念，诚邀国内外产业合作伙伴携手奋进，共同乘5G东风、立AI潮头上、上九天揽月，全力推进5G+AI的融合发展，真正使5G+AI将成为实现网络强国、数字中国、智慧社会、国家战略的新动能。"

无独有偶，京东集团技术副总裁、AI研究院常务副院长何晓冬在"智能机器人创新及工业化应用论坛"上表示："京东人工智能研究院致力于打造最顶尖的核心技术，从而促进整个产业的提升。我们致力于建立通用多模态智能对话技术平台，打造跨行业咨询大脑产品，将技术与各个行业进行更深度的融合，从而提升行业效率，强化用户体验。"

当前，5G已成为世界各国数字经济发展战略的重要支柱，同时也是全球产业与经济竞争的焦点所在，它的出现在很大程度上改变了人类的生产生活方式。相关数据显示，5G和AI典型应用场景有80%以上都是重叠的，如果将这两者深度融合起来，那么将给社会经济生产关系和生产方式带来翻天覆地的巨大变化。

如何更好地把握5G技术创新与产业变革带来的重大机遇，推动5G发展应用，加快5G商业化进程，促进全球5G技术充分交流及共同发展？

以中国移动为例，中国移动首先从打造"全国技术先进、品质优良"的5G精品智能网络为出发点，投入大量人力物力建设5G基站，它的主要目标是实现全国地市级以上城市的全面覆盖。

在确定了出发点和主要目标之后，中国移动还在加快推动5G端到端产业成熟的建设。同时，中国移动联合业界共建5G产业生态，共同打造5G新消息，规模化推广超高清直播、云游戏、云VR等特色应用。最为重要的一点是，中国移动正在通过融合等有效方式赋能千行百业聚焦垂直领域，打造过百个5G行业应用解决方案。

实践显示，5G网络的规模覆盖为AI提供了无边无垠的承载空间，它不仅解决了AI技术落地缺乏载体空间的难题，还为AI产业的繁荣发展作出了巨大贡献。

从现在眺望未来，"5G+AI"的强强联手终将会加速推进市场、行业和企业的质量、效率、速度上的革新，使市场、行业和企业变得更为生机盎然。

◇ 5G+AI，打造最具有竞争力的产业体系

过去，囿于带宽、时延、连接密度和成本，云计算并没有延伸至各行

各业。而当下 5G 的兴起和普及，使得云计算可以依靠高速度、低功耗和低时延等特点解决以往的难题。

在 5G 时代，"人的连接"和"万物互联"就意味着将产生更多的海量数据，而这些数据需要借助 AI 来进行自动识别和分析，进而取代人工来预测未来趋势，帮助企业制定、执行策略。简单来说，"5G+AI"的本质是从海量数据中不断识别和更新，靠数据驱动产出最大价值。在此基础上，"5G+AI"的深度融合，促进"5G+云计算"可使计算资源的普惠性大幅提升，才能为打造最具有竞争力的产业体系奠定基础。

当下，5G、AI 和物联网正处于路口交汇时期，而他们的碰撞注定要开启一场通信变革。无论是 5G 相关的设备商、运营商还是终端商，无一不在为 5G+AI 强强联合而跃跃欲试。

与此同时，也让我们看到了 5G 和人工智能在路径上是一致的，它们互为需要，互为依靠。通过"5G+云+AI"技术融合，产业智能升级必然会迈上新征途，"智能制造""智能网联车""智慧城市"等潜力巨大的数字经济产业也将会绽放出属于这个依靠时代的"火花"。

依靠 5G 的更高传输速率、更低的延迟、更密集的连接、更大的带宽和更高的效能，AI 的应用场景具备了前所未有的发展条件，AI 技术和产品在 5G 赋能的应用场景下也有了"大显身手"的机会。

以视频流量为例来说明，5G 的大规模商用让高分辨率的视频流量得到了空前增长。可以说，"5G+AI"的结合必将颠覆视频产业的旧模式，创造出全新的、更多的细分场景需求。如今，不少企业都已目光聚焦在使用 AI 技术辅助视频内容生产，希望通过凭借 5G 这趟"顺风车"，以解决 5G 时代视频内容生产需求及图像质量处理问题。

据思科公司预测，2021 年单月上传至全球网络的视频总时长将超过

500万年，网络视频流量将占据全球所有网络用户流量的81.44%。移动视频行业委员会预测显示，至2028年5G流量的90%将来自视频。在AI和5G双重技术红利下，视频生产和传输效率极大提高，视频影像正急速向前、向上发展。

受到5G影响的仅是视频流量，图像、文字、音频、视频也受到了极大的影响。在过去，图、文、音、影受到技术的限制，无法实现较高质量的转化，成本和内容失真率偏高。而当下，"5G+AI"的强强联合使得图、文、音、影的转化更为高效且低价，这也正是"5G+AI"的产业价值所在。

当我们站在市场的角度上看便不难发现，5G技术创新与AI、大数据等技术融合所带来的产业变革，遍及各行各业，也不仅仅限于一方之地。

不久的将来，线上线下的各类场景都会在统一的云端连通的模式下实现联动和智能化。从便利店、公共交通、餐厅、银行、医院到各类线下服务机构，用户都可以借助遍布各处的大量终端屏幕，通过刷脸的方式获得精准的资讯和营销服务，以及完成支付等行为，从而重塑整个城市的商业体系。

第二章
积聚商业发展潜能

第四节　5G 趋势，抓住未来十年红利

从 1G 的诞生、2G 的革新、3G 的升级、4G 的颠覆，再到 5G 的引领，这一历程不仅仅是一场技术的更迭，更是一场产业的变革。现如今，4G 时代正在逐渐跨越至 5G 时代，5G 引领趋势已显露端倪，我们要在 5G 掀起的时代变革中享受科技红利。

未来 10 年是难以估量的 10 年。5G 时代的到来比人们预计中的更快，它将人们推向了一个崭新的世界，更在这个世界中开辟出全新的产业经济，为人们催生巨大的红利。5G 条件下，芯片、电子元器件、软件、智能硬件等产业链条上的各个环节会自动进入升级期，从而衍生出一定的市场空白，如此境况下，市场红利同样不可限量。

中国信息通信研究院报告显示，中国的 5G 商用或将在 2020~2025 年间爆发，可实现经济总产出 10.6 万亿元的直接增长及 24.8 万亿元的间接增长，直接创造超过 300 万个就业岗位。华为轮值董事长郭平在 2020 共赢未来全球线上峰会上指出："全球 5G 部署已告一段落，下一阶段的重点是：

发展行业应用，释放5G网络红利。"在"新基建"的背景下，5G网络的加速建设、跨界融合的推进，都在向产业释放红利。

✧ 5G赋能，独领风骚又十年

每一次的时代变革都有独属于这个时代的颠覆性技术，引领这个时代的潮流。当下，5G赋能新的商业模式，5G的基础技术将会成为未来科技爆发的加速剂，从而开启全新的技术革命。"5G+"正在成为新时代的"弄潮儿"，在科技爆发的临界点，未来红利的"爆发键"已被按下。2020年，新冠疫情毫无预兆地"袭击"了世界，在这场全球性的灾难面前，5G商业化应用发挥了重大作用。这场疫情让5G技术从纵深维度上推进了医疗行业数字化加速前行的步伐，让"5G+医疗"的行业应用从"实验阶段"迈向了"临床阶段"。这让我们看到了5G的赋能释放出来的巨大价值，更重要的是5G技术赋能可以解决远程医疗中最核心的延迟问题。

2020年2月9日，对于火神山医院而言是一个值得记住的日子，解放军总医院与其连线，进行了首次5G网络远程会诊。疫情严重、物资紧缺、医护人员有限这三座"困境大山"让整个医疗行业陷入了医疗救治低效的焦灼中。而5G技术的赋能，打破了这一困境，远程会诊使得更多的专家即便不亲临现场，也可以对患者进行诊治。如此一来，不仅提高了医疗救助效率，更是从整体上助推了医疗行业的全面升级。

2020年2月16日，湖南省卫生健康委批准8家医院设置省内首批互联网医院。数据显示，截至去年11月底，国内已建成互联网医院数量近300家。

疫情倒逼信息化优势更加彰显，甚至在疫情常态化防控中，大数据、5G等技术成为推动医疗行业数字化发展的新引擎，加快医疗商业模式创新。例如，在5G的加持下，在线诊疗可以实现影像传播，让外界医疗团队直观性地了解患者信息，从而做出精准判断，进一步提高医疗救治效率和效果。正如上海创奇健康发展研究院创始人和执行理事长、中欧卫生管理与政策中心原主任蔡江南所说，"数字化在应对疫情当中发挥了特殊作用，对改变人的行为起到推动作用。"

IDC（互联网数据中心）预计，受疫情的推动，互联网医院建设数量会不断增加，"5G+医疗"模式将迎来高速成长期。不仅仅是医疗行业，其他行业也通过5G赋能，以"5G+"前沿科技全面助推产业升级，形成产业动脉，最终推进产业高速发展。

随着城市汽车流动量的不断增加，"治危""治堵""治乱"等道路交通管理成为各大城市交通管理部门面临的重大难题之一。过去，在处理交通拥堵时，交通管理部门要么控制红绿灯节点，要么增派警力现场疏导，但这些只能解决一时间的交通拥堵问题。面对巨大的压力与挑战，广西壮族自治区北海市交警部门在5G出现之际，选择积极拥抱5G技术，与广西移动合作，开展了"5G+交管"试点应用项目。中国移动广西北海分公司项目经理王强说："了解到北海市公安局交警支队在治理交通管理方面的难题后，我们主动和支队取得联系，推荐了中国移动5G作为建设新型智慧交通管理的技术利器。"

"5G+交管"应用项目的核心是"5G+视频数据接入+边缘云计算应用"，其凭借自动化检测应用可以对各道路的车流量进行实时统计，对车辆进行识别分类，通过5G视频传输实时采集分析并结合大数据对道路拥堵等问题做出预警，并将道路信息通过5G无线化网络即时地回传至交通指挥中心，从而让交警快速、高效地分辨出交通违法事件，从而针对相关事件进行人员调度，以提高交通道路管理效率，降低拥堵。

如此,"5G+ 交管"应用项目开启了智慧交通管理新模式,推动道路交通实现了"事前预防——事中控制——事后处理"的高效运营管理机制,从而让交通管理部门的工作进入智能化阶段,让交通管理更加有序、实时、精准。

其实,随 5G 而生的不仅仅是"5G+ 医疗""5G+ 交管","5G+ 电竞""5G+ 物流"等行业也早已进入了实验期,5G 赋能下的各行业悄无声息地布局着新的市场战略,揣测着新的商业模式,一场"造富运动"即将掀起更大的浪潮。

✧ 5G 商用,中国产业升级的优势

5G 意味着什么?从速度而言,稳定而准确覆盖的 4G 网络已经足够我们目前日常所用的移动网络服务。换句话说,5G 绝不仅是种速度,它将引领我们进入万物互联的新时代。

每一次商业发展的更新都会带来根本性的改变,而每一分变化的背后,都有着推动时代浪潮的技术力量。2019 年 3 月 23-25 日,第 20 届中国发展高层论坛在北京钓鱼台国宾馆举办,这场论坛会以"坚持扩大开放,促进合作共赢"为主题,意在强调协同合作、开放共赢的理念。在会上,联想集团董事长兼 CEO 杨元庆指出,5G 是推动智能化时代巨轮滚滚向前的车轮和动力。

5G 高宽带、低延时的特性进一步催化了商业化创新,更是实现了一些在原有无线网络条件下不可能的状况。5G 的商用可以让灯具实现自动调亮、可以让空调自动恒温,甚至是足不出户,在家就能就医……这些就是通过智能感知、识别技术等实现了物物相连。

全国人大代表、科大讯飞董事长刘庆峰说:"未来 5 到 10 年,人工智

能将像水和电一样无所不在，可以进入教育、医疗、金融、交通、智慧城市等几乎所有行业。"万物互联正是基于5G网络的高速率、低时延、低功耗的特点，正是这些特点促使各类产业快速发展。比如，旺季生产中由于自身产能不足，企业只要在工业互联网上按照需求搜寻，戴着VR眼镜一看，很快就能确定符合自己生产需求且产能闲置的流水线。按需选定流水线后，将企业把企业生产流程和质量标准发送过去，这条流水线就能立刻为企业代工。而生产淡季中，企业的流水线同样也可以在网上交易，为他人所用。

在工业互联网中，万事万物相互连接，搜索、选择、交易变得更加可控与快捷。尤其是事物之间的彼此相连，对整个经济产业的发展而言，是颠覆整个产业的内在驱动力。展望未来，5G带来的产业机会，将会孕育出超出认知的人工智能体系，创造出人工智能的前哨时代。

市场在有意识地推动5G的商业化应用。今天，5G引领下的万物互联新时代为人们创造了全新的体验。眼下，各行各业都在利用5G开展产业升级，希望通过"5G+"赋能，进一步提高生产效率和发展速度。

第三章
突破 4G 增长极限

可以说，4G 的出现与普及真正使人类社会打破时间空间限制实现交流自由，彻底改变了人们的生活方式。因此在通讯产业大发展中应运而生的 5G 技术，也不仅是单纯的一个技术演进，而是产业转型升级的重要契机，为推动经济数字化与社会智能化按下加速键。

未来，5G 将是社会转型的基石，对于企业而言，更是获取竞争力的关键，更涉及企业未来的商业金字塔层级。因此，企业搭建战略框架，必须跳出 4G 发展理念，突破 4G 增长极限，进行积极的商业模式顶层设计，将 5G 深刻融入自身发展战略当中，实现在商业模式里的深耕。

第三章

実験的研究と考察

第三章
突破 4G 增长极限

第一节　定义圈层维度，设计 5G 规则

5G 时代的不单单是 4G 技术的升级与延伸，更是突破 4G 增长极限的最佳契机。随着 5G 在我国的正式商用，一大波红利正在赶来，商业模式将进一步完善与丰富，5G 将不再仅仅作为一项技术而存在，更是一个完整的产业，甚至成为推动各类产业发展的一项基础产业。

在 5G 技术的推动下，传统的商业模式将产生根本性变革，企业要想在 5G 时代取得一番成绩，必然离不开对商业圈层的重新理解与定位，以产品驱动、用户驱动赢得先机，从而催生新的商业变革，抢占未来。

◆ 构建商业圈层，重新定义圈层维度

圈层一般指有共同爱好、态度、兴趣与价值观的人，通过持续引导，在一定时间内形成稳定的群体。而移动互联网的飞速发展加速了信息的传播实效，人们需要在有限的时间内选择自己所感兴趣的信息，从而形成了人的圈层化。人的圈层化导致商业模式产生变化，进而推进了商业圈层化。

在传统营销当中，企业与用户之间的关系仅仅建立在交易当中，而随着物联网的兴起与发展，产品交易趋向于共同兴趣与价值观的连接。通过产品的交易与服务连接形成圈层化的商业形态，即圈层商业。

5G时代的到来开启了万物智联的时代，人、数据与事物之间的网络连接更加紧密，价值塑造更加立体，万物智联使得信息传递更加精准有效，并给用户带来更加丰富的体验，给企业带来前所未有的经济发展机遇，传统的商业模式将被打破，企业将迎来新的商业机遇。

"信息爆炸""商品繁杂"是现如今社会的常态，用户在海量的信息与商品中寻找自己更加心仪的，这就促使用户开始向着圈层化方向发展，寻求兴趣、爱好、价值观相同的伙伴。商业亦是如此，当大众商业不足以满足当代用户的消费需求时，企业便通过品牌、管理、营销等方式推进商业圈层化。5G时代的来临，给了企业更充分的发挥空间，使其突破传统的商业模式限制，寻求新的突破，重新构建、经营、维系商业圈层，从而定义属于这个时代的圈层维度，引领新风尚。

一、构建圈层。

随着物联网的进一步成熟与发展，用户获取信息、商品的便利性越来越突出，时效早已不再是用户所考虑的唯一重点，共同兴趣、爱好与价值观的相互连接成为现如今用户的重点。面对新商业形态的产生，圈层商业将显示出更强大的活力。简而言之，商业圈层就是连接服务与产品的一种商业形态。

构建圈层的第一步是思考构建圈层的原因。一方面，企业要对自身有着明确的定位，确立属于企业的价值观与使命，明确的方向是企业前进的第一步，也就是说企业要有清晰的战略目标。另一方面，企业要有自己的独特优势与品牌理念。不管是去医院看病找专家挂号，还是购买产品找名牌，抑或是买吃的找口碑好的商家，这都代表着它们是某一领域的专家，因此，拥有独特优势是构建圈层的必要因素之一。此外，品牌是一个企业的标志符号，是用户识别信息的重要方式，对于构建圈层而言也十分关键。因此，企业要树立品牌理念，着力打造自己的优势品牌。

构建圈层的第二步是筛选和过滤用户。信息时代，用户为王。5G时代，最不缺的是海量用户，最缺的是有效用户，企业从浩如烟海的市场中筛选和过滤属于自己的用户，是构建圈层最核心的一步。企业在过滤用户时，需要将用户的消费行为、消费习惯、消费场合和消费偏好等一系列信息进行整合，而后过滤出一批与企业价值观、兴趣、态度等相同的用户，进而产生连接，实现商业圈层的有效构建。用户的筛选与过滤能够实现企业与用户、产品与用户、服务与用户的最佳匹配，精准有效的连接才能为商业圈层化助力升温。通过明确企业战略定位与筛选过滤用户，企业能够把握构建圈层的大方向，为经营圈层以及维系圈层做好铺垫。

二、经营圈层。

企业经营圈层是从核心圈层、紧密圈层到外围圈层，从不同维度对不同圈层进行划分经营，也要在圈层交叉时相互转化，实现有效的圈层营销。

守住核心圈层。对于企业而言，核心圈层是企业构建价值观的基础。核心圈层内的用户有着共同价值观与兴趣爱好，锁定住核心圈层要求企业要做好企业本身的建设，将企业自身做好做精，不断完善自己，如此才能最有效地释放核心圈层的影响力。

连接紧密圈层。5G时代下，数据的连接更为立体化，这就给了企业连接紧密圈层更便捷高效的机会。企业可通过信息数据的汇集与整合，通过各个平台将产品信息散发出去，走进紧密圈层之中，形成有效连接，进而才能促进"圈层"的自我成长，即自我再生、自我升级能力，由此为企业积攒更多的忠实用户。

吸引外围圈层。外围圈层往往是被忽略的圈层，一个企业若想走得长远，切忌忽略外围圈层。外围圈层一定要用心经营，使其更加具有吸引力。企业在经营外围圈层时，以吸引为主，即优化服务体验，让用户在第一次消费时就感受到不一样的服务体验，这样才能为用户重复选择做铺垫。

三、维系圈层。

当企业建立圈层并开始经营圈层时，便是维系圈层的开始。随着市场的变化、时间的变化，圈层也在不断发生着变化，企业要时刻保持警惕，做好充分准备，应对变化。

一是构建用户实时信息库，信息库中的数据随着用户的兴趣爱好等变化，为企业做出应对预案，在用户发生变化时，企业能够通过信息库掌握市场变化，为企业未来的产业布局做准备。

二是树立创新意识，新鲜感是激发当代用户消费的关键，这个时代不缺敢于尝试新事物的用户，缺少的是具有创新意识的企业，因此，企业要将创新作为发展的重中之重。

三是提升企业价值，企业价值迭代是企业生存的基本要素。优秀的企业都在不断追寻自己的价值创新点，只有树立正确的企业价值观，找到价值创新点，以此为基础打造富有独特竞争力的商业模式，才能维系企业用户圈层。

5G时代下，构建商业圈层是企业发展的必然选择，其优势日益凸显。当下正是企业率先入场布局5G的绝佳时机，突破传统的商业模式，将圈层商业与物联网结合，引发圈层经济新发展更是未来发展的趋势。

◇ 催化商业变革，重塑商业竞争规则

互联网的出现成为全球化的"加速器"，随之带来了商业翻天覆地的种种变化。4G的兴起与应用使人类逐渐依赖移动互联网的终端设备，开启了智能化的生产与生活。而5G的到来，则意味着企业可以在5G的加持下，可以通过商业圈层化推动商业变革，释放圈层经济价值，引领未来发展。

随着5G商用的全面启动，5G开始渗透并影响社会的方方面面。对于圈层经济而言，5G的发展将进一步推动用户消费方式与消费形态的变化，而拥有文化认同与共同价值观的用户将更深入地聚合，从而推动圈层经济进入用户的主流视野。为此，企业应更加关注圈层用户的需求与变化，重视圈层所带来的影响。

第一，圈层差异化将加速产业融合变革。5G商用已经开启，产业链的竞争也愈加激烈。基于用户的属性与兴趣，将更加凸显圈层的差异化，尤其对于年轻消费用户而言，无论是大城市还是小城镇，年轻用户都表现出更高的消费能力。此外，办公类圈层用户活跃规模日趋增大，显示出强劲的活力与发展潜力。企业要在圈层差异化之中把握发展方向，齐头并进，将5G技术应用到企业生产、销售、服务当中，推动研发、设计、销售、服务、售后等环节进一步向数字化与智能化方向发展，实现产业内数据云传输、全价值链与全生命周期的智能化管理，最终加速产业融合，形成新的商业竞争规则。

第二，圈层营销变化将创造激发出新的消费需求。5G技术最大的标志，就是能够实现人与人、物与物以及人与物之间的有效连接，即真正形成万物智联的局面。圈层营销仍然保持"人与群分"的特性，但需要建立与用户与品牌等的沟通，转化为全域营销，增加用户消费需求。新的圈层营销

将呈现在人们面前，催生出新的消费业态，释放出更多的商业机遇。消费需求增加，体现在工作学习、休闲娱乐、社交互动等各方面。因此，企业应根据消费需求的变化与消费形态的丰富进行商业模式转变，一方面，促使企业做好更充足的产品信息库，及时跟踪技术与产品的动态变化，满足用户不同需求。

第三，圈层机制更为重视安全防护。5G所带来的虚拟化技术，能够支撑移动互联网海量数据的需求，不仅给用户带来丰富的体验感，而且能够有效增加对用户数据的安全保护，减少隐私泄露。因此，基于5G技术所搭建的万物智联场景，黑客攻击、数据窃取、恶意代码频现的风险也会随之增加，这就给网络安全带来了更多且更高难度的挑战，以往的网络安全防护网就有可能失效，所以企业必须改变策略，搭建"以数据驱动为中心"的圈层安全防护网，保障用户消费安全。

在5G商用开启之初，我国企业必须展现出积极的应对态度，积极探索新的商业模式。5G市场的快速应用会进一步拉动技术的进步，资本与人才将大量聚集，形成新的蓝海市场，为重塑商业竞争规则提供有利契机。在圈层经济时代，用户需求逐渐脱离物质需求，转而追求更高的精神需求，越来越重视产品的品质，以及企业的文化与价值观。因此，企业应当机立断，做好率先入场进行布局的准备，突破圈层限制，树立发展新思维，赢得先机。

第二节　设置营销前置，刷新 5G 模式

在市场环境不断变化、科技水平日益提升的数字经济时代，企业面临着全新的挑战与机遇。随着 5G 的商用，更广阔的市场出现在企业面前，消费者的消费习惯与消费需求也在发生着变化。

这是一个数字经济时代，繁杂的信息数据构成了一张复杂的网络，企业所面临的问题不再是单维度的，而是多维度的，从而使得企业在进行战略调整时难度加大。

这是一个多元化时代，消费者有了更高层次的需求，这要求企业在进行营销时要更注重用户体验。为此，企业应加快转变营销思路，设置营销前置，刷新 5G 模式，提升企业的竞争力。

✧ 设置营销前置，推动企业商业模式的变革

营销是商品经济时代的产物，随着商品经济不断发展、科技创新日益加快，营销模式也在不断创新以适应新时代的发展速度。从追求"产品既

定，不以消费者需求为出发点"生产导向模式，到转变为"消费者为王"的需求导向，营销手段始终有着强劲的生命力。

营销手段的变革，势必会带来营销前置。营销前置，是指在营销的实践过程中，营销人员根据具体的营销环境、预期的营销对象和营销区域，结合当前的技术发展趋势或时尚流行，进行认真的市场调查，并对调研信息资料进行分析研究，根据信息的相关性，判断潜在市场需求的可能性。

5G技术带来了信息传播速度骤增、信息量级爆发、交互无处不在等一系列全新变革，无论是以信息数据需求驱动企业发展，还是以精准化服务增加企业优势，都离不开营销前置的渗透。

因此，在消费升级、商业模式层出不穷的5G时代，企业需要设置营销前置，将产品规划、用户获取前置，从而将战略管理与产品规划统一起来，树立企业前瞻性思维，用营销前置为产品赋能，从而创造更多价值。

设置营销前置，有利于抢占市场先机。如今的市场竞争越来越激烈，企业将产品生产出来后再去抢占市场就显得有些力不从心，而设置营销前置就可以有效避免企业落后于市场变化的局面。

营销前置是具有前瞻性思维的营销方式，企业在进入市场前，通过精准的市场调查，获取准确有效的用户需求信息，从而判断出市场的潜在需要，将自己的产品进行优化和完善，化被动为主动，先一步掌握用户需求信息，从而从根源抢占市场先机。

设置营销前置，有利于增加获客率。一方面，企业在对市场调研时，已经对用户信息进行了有效筛选，能够为增加企业的获客率提供基础保障；另一方面，营销前置可以充分留存核心用户。由于企业是以消费者为导向来完成对产品的更新与优化，因此营销前置的设置有利于洞察消费者需求。掌握消费者需求后，企业与消费者之间便建立起有效连接，增加了消费者消费的概率，同时也增加了企业获客率。

此外，营销前置是站在消费者的角度考虑产品的质量和推荐适当的产品，这样立足于消费者角度的营销方式更有利于发展潜在用户，也更容易被消费者所接受。

设置营销前置，有利于拓展企业发展空间。营销前置以适应特定的营销要求和环境变化，能够为企业指明发展方向，避免企业战略的失误，在生产优质产品的同时提高了企业的竞争力。营销前置是将产品开发与市场需求有机结合，产品研发不再只停留在图纸之上，如此一来，产品与服务更具有针对性，也更加符合市场当下的需求，从而有效减少产品研发风险，为企业发展提供长远发展对策，有利于拓展企业的发展空间。

毋庸置疑，设置营销前置符合当今经济发展的趋势，无论是从市场角度、消费者角度，还是从企业发展的自身角度而言，它都有着独特的优势与潜力。可以说，设置营销前置，是企业在5G时代下的不二法门，能够助推企业发展，推动企业商业模式的变革。

◆ 用技术重塑营销前置场景，让企业发展更主动

5G时代的到来，对于任何一家企业而言是机遇更是挑战。未来，伴随着科技的进一步发展，新的智能终端将诞生并崛起，人们的生活方式也将产生全新的变化。这时，传统的营销方式将不足以支撑企业走向未来，谁先进行全新探索与调整，谁才能拥有绝地反击的最佳机会。

万物互联时代，人们足不出户就能够购买与获得各种产品，速度之快，范围之广，是当代消费的常态。对于如今的企业而言，用全新的AR技术与VR技术重塑营销前置场景，用AR营销与VR营销实现转型，才能为企业发展拔得头筹。

一方面，玩转AR营销。AR营销，即把AR技术与营销相结合，形成一种新的技术营销方式。企业基于AR技术，将用户消费场景多元化，为用户带来更深层次的感受与互动体验。

5G时代的到来，全品台将打造出更多升级的AR设备以及AR设备新玩法，由此，AR营销将会得到深入发展，企业必须提前做好准备。一是拓展营销思路，AR营销是将现实与虚拟相结合，让消费者在与产品进行互动时形成最紧密的结合。线上与线下的超强连接，是区别于传统营销方式的最大体现。二是提升企业技术人员配比，AR内容可修改的容错率比较高，修改周期会更长。因此对于企业的技术人员要求较高，增强技术人员配置能够提升营销效率。

另一方面，掌握VR营销。所谓VR营销，即把VR技术与营销相结合，形成一种新的技术营销方式。VR营销以一半真实、一半虚拟的方式，让用户沉浸于企业设定的消费场景当中，能够以较快的速度调动用户消费情绪。

随着5G技术的发展延伸，VR营销将更为成熟，能够成为企业发展的突破口。VR营销以内容作为制胜法宝，让用户更快"入戏"，通过添加多功能营销插件，让产品更为立体，从而向消费者传达更为生动的品牌故事，加强情感价值，达成品牌与用户之间的深度交互。

此外，VR营销将成为当下营销的革命性转变。沉浸式的VR营销技术能够使用户不受外界干扰，吸引用户的全部注意力，增强用户的记忆度，引发情感共鸣，对企业打造品牌形象有着巨大作用，能够切实加强用户对品牌的黏性和忠诚度。

无论是AR营销还是VR营销，都能够为企业发展提供有力武器。通过新技术重塑营销前置新场景，一方面，能够节省用户与企业的成本、解决空间界限，使消费者拥有身临其境的用户体验；另一方面，能建立起企业与消费者之间最真实、最紧密的情感联系，是全新的购物体验。

5G对于我们而言已经是触手可及，基于5G技术的支撑，企业更应抓住先机，将新型营销技术与企业发展深度融合。每一次营销变革，都是企业发展的机遇，越早尝试与准备，才能越早获得利益。

✧ 用数字化服务提升营销前置质量，让用户体验更透彻

5G、大数据、人工智能等一系列新技术的应用，企业的用户服务模式向数字化方向转型，用数字化服务提升营销前置的质量，能够增强用户体验，助推企业高质量发展。

当今已经进入数字经济时代，用户作为企业的赖以生存的核心资源，将扮演着更为重要的角色，对企业的发展有着不可估量的价值。营销的终极目的就是发现或挖掘用户需求，从而获取更多用户。因此，数字化服务将不仅仅是营销方式的创新，更是重新定义了营销的价值。企业可以通过以下三方面吃透数字化服务的关键：

一是冲出数据孤岛，实现准确触达。随着大数据信息的不断叠加，用户的消费信息产生错位，面对不对等的数据信息，企业需要在生产产品前消除"壁垒"，实现线上线下的全部通畅，形成一个数据闭环，从而实现资源数据的有效整合，确保生产的产品是符合用户需求的。

5G时代下，用户行为更加碎片化与多元化，行为路径也繁杂多变，这就导致用户数据收集起来极为分散，所以企业要构建全新客户关系管理系统，消除众多平台之间的"壁垒"，保证用户数据在消费场景转化中能够互通互联，没有壁垒限制。

二是应用5G技术，加深企业与用户的深度连接。企业通过大数据与5G技术对细分用户进行分析，让企业更加精准地识别用户需求，通过产品

创新与产品价值赋能等途径为企业提供有效策略，从而为用户提供更符合消费者需求的服务，增强营销前置效果。

另外，企业可根据流失用户的以往数据，建立潜在用户数据库，注明的用户消费属性与消费数据习惯，找出流失用户的内在联系，制定出明确的营销前置方案，从而预测流失用户的趋势，根据趋势分析用户流失的原因。

三是构建全渠道、多元化的营销前置体系。建立企业数字营销技术体系，企业通过打破时间与空间乃至模式化的限制，使用户信息不再只是存在于渠道里的分散数据。

借助数字营销技术，企业能够对用户进行全方位一体的数字化分析，以消费者不同的偏好为出发点，对其进行定制化推送，实现与用户的有效沟通。同时，也能避免消息推送的重复，避免引起用户反感。此外，还可以打通产品、创意与品牌之间的道路，提升企业带货能力与品牌影响力，实现从"营"到"销"的横向延展，提升营销前置的质量。

5G时代，将是革命性的新营销阵地，也将是重塑商业模式、认知模式的开始。数字化经济时代，用户服务的数字化发展是大势所趋。将数字化服务运用在企业的营销前置当中，不仅是一种全新的营销模式，更是一次全新的商业战略选择。

第三节 触发需求引擎，直击 5G 用户

在 2020 年 5G 创新发展高峰论坛上，中国信息研究院院长刘多表示，截至 8 月底，通信大数据平台监测数据显示，我国的 5G 用户超过了 1.1 亿。庞大的用户群体也更加证明了数字产业化基础更加坚实。5G 用户规模以肉眼可见的速度在飙升，于企业而言，触发用户需求引擎的机会就在眼前，是主动出击还是继续观望，答案显而易见。

"5G 改变社会"成为当今人们热门的话题。颠覆企业场景和用户体验为 5G 技术的核心变化，5G 所带来的极速体验、超级感知与超级连接将给社会发展带来巨大的变革，触发用户需求新引擎，创造出"万物智联"的新时代。

✧ 消费变化，触发需求引擎

5G 刚刚出现的时候，普通消费者大多处于无感知的状态，而随着时间的推移，5G 浪潮愈演愈烈，5G 基站建设步伐加快，才真正让消费者感受

到5G正在走来。面对已经到来的新消费时代，企业应看到用户消费变化，立足市场需求，从中找寻用户，触发用户需求引擎，如此才能在浩如烟海的市场中站稳脚跟。

深挖消费变化，离不开消费需求的更新与迭代。随着市场消费环境和消费需求的改变，新的消费者不断出现，与此同时，消费场景、消费人群和企业消费战略也正在逐步变化与升级。因此，企业要注意整个消费行为的变化，在进行智能化转型时细分消费变化，通过数字化整合提升企业发展战略。

消费新场景触发智能购物需求。5G时代的到来，不再是简单通过技术带来效率的提升，而是将5G技术带入整个消费产业当中，渗透到整个产业链的环节之中，进一步将消费与生产相融合。

对于消费者而言，5G技术将带来消费场景的全新改变，为用户带来更智能化的购物体验。例如，5G技术给直播、短视频行业带来新的突破，使消费内容的呈现方式更加生动立体，让消费者与商家直接对话，凝聚形成更强的消费能力与创造能力。

消费人群迭代带来新商业价值。不同时代的消费人群有着迥异的消费观念，"50后"、"60后"以简单节约的消费观念为主；"70后"更加求真务实；"80后"向着个性化与品质化方向发展；而随着物联网、大数据的快速发展，"90后"、"00后"作为移动互联网新生代逐渐成为当代消费者的主力军。

消费人群的迭代带来消费需求的变化，产生新的商业价值，因此企业在生产产品时应更加注重新消费人群的需求，根据其消费特征与消费观念，制定全新的商业模式，促进企业发展。

消费战略升级刺激用户增长。随着5G商用，国民经济进一步增长，消费推动力显现，我国将迎来一个消费全面升级的全新时代。在当下的消费市场中，企业面临着严峻的市场竞争，消费者消费时有了更加多样的选择机会，买什么、在哪里买更好以及购买体验是否符合心理预期等成为当代消费者的主要考量。因此，企业在制定经营战略时面临着更加艰难的考验。

2020年10月22日晚，华为召开了Mate40系列全球线上发布会，可谓是备受期待。预售第二天，华为预售战报发布，华为新机全系列产品在28秒内全部售罄。新机发售，火爆程度显而易见，在全球智能手机市场竞争激烈的今天，华为所展现出的强大魅力，是华为成就用户的表现，更是华为拥有战略远见的结果。

据有关数据，2019年度华为手机的用户忠诚度最高，换机品牌占有率高达52.1%，超过一半以上的人会再次选择购买华为手机。在5G风口之上，华为仍以客户需求作为变革的原动力，聚焦消费者痛点，不断提供行之有效的通信解决方案与服务，为用户提供价值选择。

为抓住5G机遇，推动未来转型，华为坚持以用户体验为核心，打造"全场景智慧生活"的新型智能化体验。一方面，华为以全新操作系统与芯片组成华为生态系统的强大底座，通过华为的智能家居开放互联平台将众多产品联结起来，增强用户黏性。另一方面，华为进一步实现线上与线下同频率的到店服务，真正落实"全场景智慧生活"的一站式服务体验，加快5G时代全场景智慧转型。

如今，华为之所以取得成功，正是因为它在5G时代的浪潮中不断追寻消费变化，在变化中制定令市场应接不暇的新消费战略，提前抢占了市场份额。由此可以看出，于企业而言，感知消费变化、掌握核心技术与紧跟时代步伐都是推动企业发展至关重要的法宝，是当代企业改革创新必不可少的利器。

未来，尽管全球贸易会增加更多的不确定性，华为会面临更为复杂的消费变化，但华为也向大众表示，在下一阶段的发展中将充分利用华为在5G、云计算、人工智能等方面的技术能力与优势，联合各行各业为用户提供更精准有效的场景化解决方案，进一步释放5G红利，进而推动行业发展。

毫无疑问，5G时代的到来，会带来消费的新一轮革新。用户的需求是无限的，消费者的追求更加极致，企业若想在5G引领的新消费中获得主动权，就需要制定符合时代发展的经营战略，了解用户消费行为变化，从而触发用户需求引擎。

✧ 打破壁垒，实现资源共享

2020年是5G商用的第二年，是5G真正走向人们工作生活的一年，5G技术将人工智能、大数据、云计算等数字化科技进一步融合起来，打破壁垒，引发社会各个产业技术变革，推动经济发展。

5G所带来的时代机遇不容忽视，尤其是在2020年疫情之后所展现出的巨大优势，为企业发展提供借鉴意义。随着5G网络建设稳步推进，可以清楚地看到5G技术的应用为教育行业变革提供了新的可能性。

2020年年初，突如其来的疫情导致学生无法按期返校，为保证课程顺利进行，教育部办公厅、工业和信息化部办公厅联合印发《关于中小学延期开学期间"停课不停学"有关工作安排的通知》，对"停课不停学"工作提出明确意见，至此，在线教学如火如荼地开展起来了。

全民开展在线教学活动为推动我国教育行业从传统教育到智慧教育演进提供了有利契机，"互联网+教育"的优势显现，进一步打破了教育壁垒。2020年复学复课后，在线教育并没有遇冷，众多地区借助"互联网+教育"等新业态发展的政策机遇，开展更为专业的智慧教育，即基于5G技术的

第三章
突破 4G 增长极限

互联网智慧教育。

据中国互联网络信息中心发布第 46 次《中国互联网络发展状况统计报告》，截至 2020 年 6 月，我国网民规模达 9.40 亿，其中我国在线教育用户规模达 3.81 亿，占网民整体的 40.5%。我国在线教育用户规模之大，离不开 5G 技术的发展与应用。

基于 5G 技术的互联网智慧教育能够通过技术实现教学真实场景与环境，为学生打造出沉浸式学习新体验。5G 技术的高速度能够为在线教育创造互动条件，让学生与老师之间的互动更为流畅。此外，有了 5G 技术的支撑，在线教育能够实现场景化"一对多"教学，来自不同地方的学生能够拥有身处同一个教室的感受，增加同学之间的交流，提升在线教育水平。

此外，基于 5G 传输的全息技术，学生可通过佩戴 AR 眼镜身临其境地感受到学习氛围。例如，在贵州省"5G+ 智慧教育"示范基地——贵阳幼儿师范高等专科学校的"虚拟幼儿园"体验区，通过该技术让学生感受彩虹的形成过程与现象，通过佩戴 AR 眼镜，让学生身临其境感受自然现象，同时激发学生强烈的好奇心与学习兴趣。

基于 5G 技术的互联网智慧教育能够打破时间、空间壁垒，更有效地实现教育资源共享，促进教育更加公平。众所周知，很多山区里的孩子因教学点规模较小、办学条件相对落后、师资力量不足等弱势而得不到公平教育。而随着 5G 技术的发展，基于 5G 的特点优势，偏远地区的学校可通过 5G 网络和教育云平台搭建同步课堂，让偏远地区的学生享受到更好的教学资源，从而促进教育均衡发展。例如，广州市某中学与贵州偏远地区的中学等学校开展同步教学，让偏远地区的学生通过 5G 网络远程接入广州市重点学校的课程，在线课堂上，实现了与名师的实时互动，享受到了一线城市的教育资源，切实解决了偏远地区学生的教育资源不平衡与学生求学渴望之间的矛盾。

5G对教育的影响将是变革性的，在线教育用户的增加更是印证了5G技术对教育行业带来的积极改变，对于企业而言，也要抓住时代机遇，关注新型消费发展生态的改变，为迎接新时代做好准备。

5G时代，除了在线教育脱颖而出，更有车联网、无人驾驶、工业控制、智能安防、智慧医疗及智慧生活等新型业态涌现，不断为用户带来更多的全场景智慧新体验，企业从何着手，如何着手，值得深思。尽管我们现在还无法预测到5G究竟在什么时间点爆发改变我们的生活，但我们可以确定的是，未来一定有一幅基于5G技术的广阔蓝图正在向我们招手。

第四节　增加覆盖面积，形成 5G 机制

随着 5G 基站在全国的快速扩建，截至 2020 年 3 月底，我国已建成的 5G 基站达 19.8 万个，预计全年新建 5G 基站超过 50 万个，这就意味着 5G 所覆盖的区域面积将持续增加，对于这个万物互联的时代而言，无疑是时代所需、时代所期盼的发展方向。

5G 技术作为备受瞩目的新型网络技术，在各个领域的探索与应用持续升温，为打造 5G 机制提供充足准备。传统企业若想在这个的关键时期捷足先登，就必须把握 5G 时代机遇，将 5G 技术切实运用到企业的生产与发展当中，助推高质量发展。

◇ 5G 覆盖面积增加，增加商业机遇

科学技术是第一生产力，放眼全世界，人类社会的每一次变革都离不开科学技术的发展。科技发展自始至终都是商业发展的最强助推器，现代科技的一跃而起，为企业发展开辟了更为广阔的商业版图，增加了新的商

业机遇。

5G技术一经问世，就引爆话题，成为众多企业讨论的焦点话题，但大多数也仅仅是停留在讨论的表面。对企业而言，应看到5G技术的到来会给企业发展带来哪些变革，更应看到5G技术覆盖面积增加背后所带来的商业机遇有哪些？

首先，海量数据爆发将为企业发展提供更多市场资源。5G所具备的高速率、大容量、低时延的特点势必会带动云计算的深度发展，加上5G基站建设的进一步扩大规模，海量数据将形成爆发式增长。有数据就意味着有挖掘市场潜力的机会，因而企业必须以5G技术为强大后盾，依靠强大的计算能力与储存能力完善企业机制，获取市场资源。

其次，"5G+人工智能"驱动产业链优化升级。5G时代是万物互联的时代，人与人的连接、人与物的连接，乃至物与物的连接都将发生变化。一方面，海量数据的引入为人工智能发展创造更有利条件，"5G+人工智能"够实现无限海量数据的汇总与整理，从数据中自动识别、学习，形成模式，从而在未来能够准确预测市场发展趋势、执行经营策略。另一方面，"5G+人工智能+物联网"等多种技术融合是未来发展的趋势，互联网与科技的相互碰撞对未来产业链的优化与升级起着关键作用。

最后，5G技术覆盖面积增加为消费业发展注入新鲜动力。当前，5G商用正处于火热发展阶段，5G基站的不断建立加快了5G覆盖面积的增加，也将从生产端、场景端、营销端等环节重塑消费行业。5G将极大地提高企业的生产效率，无论是智能家居、智能物流还是工业互联网，会催生众多产业，拉动消费内需，推动消费行业发展。

总而言之，5G技术覆盖面积的增加与5G技术所带来的产业变化显而易见，作为企业，不能坐以待毙。马云曾以一句"看不见，看不起，看不懂，来不及"道出了对一些创业者没有把握住时代机遇的惋惜。5G时代已经到来，对于任何人、任何企业来说都是最好的发展时机。

任何新机会的到来，都伴随着各种各样的声音，或好或坏，但对5G技术来说，它所带来的机遇是远远大于风险的，无论是哪个行业，若想得到5G带来的科技红利，就要谨慎思考，把握5G技术所带来的商业机遇，根据自身发展情况做好产业布局，在经营中不断细化与调整企业战略方向，真正搭上5G的顺风车，走向未来。

❖ 刷新应用场景，打造5G智慧企业

5G尽管以高速率最具有代表性，但5G技术带来的变革远远不止这些，还将刷新企业应用场景，带来产业互联网大规模商用变革。未来，是5G网络支撑下的数字新时代，企业的生产系统和管理系统将会以5G技术作为支撑，"高效、精准、智慧"将成为企业创新发展的代名词。

智慧企业是指建立在数据驱动基础上整体呈现人工智能特点的人机协同企业，而5G智慧企业将在万物互联时代下赋能企业更深入地进行数字转型，进一步推动企业智慧办公等领域发展，刷新各类场景，提升办公效率与办公体验，打造未来式企业办公发展新格局。

以火神山医院建设为例，我们可以从中看到5G技术贯穿其中。2020年初，在亿万人的关注之下，武汉火神山医院仅用10天时间拔地而起，并立即投入使用。火神山医院的紧急搭建除了展现出惊人的"中国速度"以外，更体现了5G时代下的新应用——远程医疗与远程会诊以及人工智能机器人。

据统计，火神山医院的无线网4G与5G覆盖工程建设仅用时不到三天，网络建设与医院视频会议建设工作也同步完成，快速高效的网络建设为火

神山医院视频会议提供保障通道，而视频会议的建设是火神山医院与其他医院等城市专业医疗资源远程会诊实现的基础。

5G 网络搭建为火神山医院的远程医疗与远程会议提供强有力的基础保障，一方面远程会议需要稳定、低延迟的网络环境，恰好 5G 技术有足够的优势来保障，使火神山的 5G 远程会议与"面对面交谈"无异，两个人或者多个人可以进行有效交谈，可传递文字、图像和影像系统等，还可以直接进行屏幕共享，这种先进办公技术使火神山医院能够充分利用各个地区的专家资源进行会诊，同时减少医生与患者之间的接触，更有利于防控疫情，是刚需也是必须。另一方面，有了 5G 远程会议的应用，远程医疗才能够顺利进行。火神山医院的 5G 远程会诊系统在正式应用之前，已有四川省的医院依靠 5G 技术实现了远程会诊。5G 远程会诊系统以四川大学华西医院为中心节点，首批接入包括成都市公共卫生临床医疗中心等 27 家收治确诊（疑似）患者的医院，并在之后计划建成覆盖省、市、县三级的 5G 远程会诊系统，这样一来，就形成了囊括四川省及支援武汉的前线医院新型冠状病毒感染的肺炎的远程会诊的一张巨大的"网"，为火神山医院远程医疗提供借鉴意义和保障。

除此之外，火神山医院的人工智能机器人正式上岗也为防疫做出了巨大贡献。AI+5G 智能机器人走上抗疫前线，帮助医护人员执行清洁、消毒、送药等一系列工作，完全实现无接触服务，提高了病区消毒、配送的工作效率、减轻了医护人员工作负担、降低了人员交叉感染的可能性，极大地节约了医疗资源不足的成本，是智慧防疫的体现。

火神山医院建设从网络搭建到远程会议与远程医疗再到人工智能，都离不开 5G 技术的参与。火神山医院的 5G 全新应用也为众多企业带来积极影响，提供发展新思路。因此，在未来发展中，企业应扩大视角，以火神山医院建设为蓝本，将其中的应用场景应用到企业建设与发展中，依靠5G技术进行视频会议、远程办公、智能工厂，打造属于中国的"5G智慧企业"。

5G是一个历史性机遇，当技术与企业转型产生碰撞时，必将成为推动企业数字化转型的重要驱动力，"万物互联"可能带来"汽车代替马车"式的创新变革，5G智慧企业必将是未来发展的方向，从而推动我国数字经济升级。

✧ 赋能未来，开启5G智慧生活

5G技术从发展到应用是服务社会的一个过程，信息技术的加速发展催生了无人驾驶、智慧社区等一系列全新的消费场景，为构建智慧生活打开了创意之门。在新型基础设施建设（新基建）的带动下，以5G技术为基础，以智能化服务等为代表的智慧生活方式有望成为新的增长点，赋能未来经济发展。

下面将以三个智慧产业领域为例，讲述5G智慧生活开启的必要性与可持续发展性。

第一，智慧社区的应用。社区管理存在人口众多、设施烦琐的难题，物业管理经常出现各式各样的漏洞。5G技术接入智慧社区管理系统，便可以构建出一个智能联网系统，将社区的各项数据进行自动录入与分类，当社区出现某种问题时，能够便于维修保护以及巡检，有效提升物业的监管效率。更为重要的是，智慧社区的未来发展会带来一系列新的技术需求，这对于众多企业而言无疑是巨大的商业机遇。

第二，无人驾驶的应用。没有人敢保证有100%的安全驾驶，但5G技术的出现，使安全自动驾驶成为可能。5G的超低延迟特点能够保障数据传输基本无延迟，将计算出车与车、车与人、车与道路之间的感知节点，从而对车辆的控制指令延迟在 1ms 左右，可以真正实现无人驾驶。此外，5G 所带来的 URLLC（超高可靠超低时延通信）将加速车联网、无人驾驶技术在出行等领域的商业化应用，未来，人们在出行遇险时，汽车将能够自动识别受损位置、发生险情的位置与情景，并将具体信息上传至保险公司，为开启安全智能出行提供可能性。

第三，智慧娱乐的应用。5G 满足了用户对速度和宽带的需求，这为构建 5G 娱乐生态提供了技术之基。无论是超高清视频给消费者带来视觉盛宴，还是云游戏进一步满足消费者的互动体验，5G 技术与娱乐行业的碰撞与融合给产业发展带来了源源不断的动力。不仅如此，企业更应看到随着庞大的年轻消费群体的消费观念转变，娱乐与消费的融合逐渐成为新型智慧娱乐领域的商业模式，5G 是大势所趋，智慧娱乐、智慧生活即将开启。

从以上三个应用可以看到，在未来，5G 将会给每个心怀梦想的企业带来了更多精彩与机会，5G 机制的形成与发展也将在此开启。5G 像一个催化剂，以高速、低延迟等优势让各种应用设备在无屏、移动、远程状态下使用，推动智能数字经济加速发展，为社会创造出更多价值。

工信部提出，力争 2020 年底实现全国所有地级市 5G 网络覆盖。不久的未来，我们所生活的社会将是一个智慧互联的社会，智能技术将重塑现实世界。我们不预测未来，我们可以创造未来，只要抓住 5G 机遇，便能赢得数字经济与智能经济大发展的新未来。

第四章
布局未来 5G 市场

2020年年初，5G航船鸣响商用汽笛，即将启程劈波斩浪。然而，随后的一场疫情意外席卷全球。在疫情这一"黑天鹅"事件中，5G充分展现了数字化基础建设成果对于社会的支撑价值。

在后疫情时代，数字化转型不断升级，智能化业态更新迭代，5G市场成为引爆点，5G价值被放大、再放大。由其衍生的巨大商业空间，给企业带来新发展机遇的同时，也给企业设置了挑战。5G商用临界点已"兵临城下"，如何做好5G市场的战略布局，是事关企业未来是否有无限可能的关键所在。

第四章
布局未来 5G 市场

第一节 基础：物联化是大势所趋

5G 的出现是一个支点，也是一个技术性拐点，它改变了移动技术原本存在的意义，改变了移动技术最初的使命，使移动技术从一项只针对个人通信的重大变革技术演变为一项可以改变整个产业和社会经济的通用性技术。5G 催生各行业环境中联网设备的激增，为物联网开启一个全新时代。其实，物联网应用已经渗入人们的生活，而人们也早已在不知不觉中成为万物互联的一个节点，它的发展引发了整个行业的科技浪潮。区块链的搭建需要物联网的支撑，人工智能应用需要以物联网平台为载体，智能手机的迭代提升更是让物联网的价值有了全新的概念。

对于即将到来的 5G 时代，物联网会在市场中全面爆发。5G 将成为串联万物的核心枢纽，以更有意义的方式连接汽车、家庭、医院等众多场景，可以说，5G 时代的到来，会进一步刺激物联网技术的发展与应用，为物联网带来一场深刻的产业变革，物联化将是大势所趋。

◆ 5G 时代，万物互联

2018 年 8 月，新华社瞭望智库发布了《新时代中国互联网六大趋势》，这一报告详解了新时代中国互联网的六个趋势，其中便包括强力推动 5G 商用促进物联网变革这一市场趋势。5G 时代来临，首先发生重大改变的是手机行业，其次便是物联网。

2019 年 7 月 20 日，物联网时尚创始人、北京物联网协会副会长柏斯维在第三节中国智慧电力论坛上表示："5G 时代的到来加速推动物联网落地，物联网产业正在迎来巨大的发展机遇。"2020 年 5 月 7 日，工信部办公厅发布《关于深入推进移动物联网全面发展的通知》，其中最引媒体关注的一句话是："在保障存量物联网终端网络服务水平的同时，引导新增物联网终端不再使用 2G/3G 网络，推动存量物联网业务向 NB-IoT/4G/5G 网络迁移。"这意味着物联网的技术变革是国家认可的未来重点发展方向。

物联网是基于互联网、RFID（射频识别技术）技术、EPC（电子代码）标准在计算机互联网的基础上，利用信息传感设备和网络把物品连接起来，进行信息交互，从而实现智能识别和管理。5G 技术的开展，会使物联网进入一个全面发展的时期，5G 技术将被运用到物联网的多个场景中。依托于 5G 技术的低延时、高可靠性、大宽带特性，物联网会形成三个方面的显著变化，其一是移动互联网与物联网的全面整合；其二是物联网与行业应用的全面整合；其三是物联网与人工智能的全面整合，以上三个整合都与智能终端有紧密的联系，多个行业都将会产生新的应用和商业模式。

随着 5G 网络覆盖率不断提升，众多科技企业早已敏锐察觉出物联网会成为未来市场必然趋势，并将其作为下一阶段的发展方向。2019 年 10 月 17 日，一场主题为"识微见远"的"2019 英特尔物联网峰会"在厦门

第四章
布局未来 5G 市场

拉开了序幕，这是英特尔进攻万物互联生态的信号，会上英特尔发布了最新版本的 Intel Distribution of OpenVINO 工具包和边缘人工智能生态智库。英特尔公司高级副总裁兼物联网事业部总经理 Thomas Lantzsch 在峰会上介绍了其在万物互联生态上的布局，展示了英特尔在物联网这一领域的技术实力与生态构建能力，并表示中国正在成为英特尔物联网业务最重要的市场。

Thomas Lantzsch 表示："我们正携手迈向以数据为中心的崭新世界，在这个过程中，各行各业都被重塑并发生深刻变革，而'万物智能互联'则是其中最具代表性的趋势之一。在物联网领域，英特尔的战略十分清晰：以高性能计算、边缘赋能、视觉（视频）推理为支柱，将通用、无缝的软件和开发者体验贯穿其中，不断拓展生态合作，提供行业整体解决方案，并以此推动一个又一个激动人心的物联网创新实践。"物联网场景多样，需求也各不相同。英特尔意在零售、工业、交通、教育、智慧城市及视觉、公共部门、医疗、汽车、金融九大细分领域展开布局，想要以自身在芯片、系统设计等方面所占据的独特优势，与其他行业的巨头企业合作共赢，迎接即将到来的 5G 市场。

5G 网络就是为物联网时代服务的，5G 网络能够完美地实现万物互联。在不久的将来，物联网最终会发展为万物互联，所有能够想象到的"物"将会彼此连接，构建成互连互通的生态系统。

◇ 智慧家居，引领物联生态

物联网显然已经成为 5G 网络时代下的一大风口，布局物联网将使企业在整个物联网生态系统中创造出更大的价值，各行各业早已看准风势，在物联网的边缘不断探索。但从目前物联网发展趋势来看，物联网的引爆将会从智慧家居开始。

中国的企业就像一个个细胞，构建了中国互联网的组织与业态，随着互联网技术的发展，企业也在不断寻求着新的增长点，物联网已崭露头角，家居行业瞄准时机，率先发起"进攻"。

海尔集团（以下简称"海尔"）在时代、技术的催化下，从一家传统家电品牌逐渐成长为向用户提供智慧家庭美好生活解决方案的生态品牌，海尔不再只单纯地为用户提供基本生活电器，而是搭载物联网技术，创建家居生态，为用户定制美好生活体验系统。

海尔一直强调以用户为中心，强调不做封闭企业，而做开放生态。为了推动生态品牌发展，海尔推出了具有中国自主知识产权、全球首家引入用户全流程参与体验的物联网平台——COSMOPLAT。COSMOPLAT平台的核心就是将用户需求与整个智能制造体制相连接，即让用户真正参与到产品概念、设计、研发、生产、迭代升级这一系列流程之中，真正做到精准触达用户需求，以用户为创新创造的中心与驱动力，重构用户关系，将过去传统的"卖产品"这一思维转化为"卖终身价值"。

物联网的崛起之势，让海尔进一步看到了创建生态的新动能，尤其是工业X.0概念的提出，让海尔集团董事局主席、首席执行官张瑞敏联想到了海尔智能家居生态构建，于是，提出了生活X.0概念。进入"X.0"时代意味着连接更快速、便捷、随机，随着时代不确定性的变化，以及用户体验的好坏即时迭代。

物联网时代，企业要能够满足用户"美好生活"的可定制性和即时性。"生活X.0"的核心是生活体验，其以用户对美好生活的需求为支撑力，推动企业在战略布局、愿景、技术等方面进行创新创造，让企业将目光放在用户身上，将传统的聚焦产品转变为聚焦用户，帮助用户实现个性化的

第四章
布局未来 5G 市场

定制生活。

物联网是大势所趋，针对智能家居，海尔在应用层面、平台层面、基础设计层面作出规划。海尔集团总裁周云杰表示："未来物联网以人为中心，但人的需求具有不确定性，不同的人或者同一个人在不同时段、不同场景，需求都是不确定的，海尔的愿景就是能提供即时响应人们需求的智慧生活方案。""X"代表着无限可能性，而海尔提出的"生活 X.0"，正是结合了物联网与 5G 时代的特征，意味着未来生活没有限定、没有框架、没有禁锢，人们可以随心搭配家居，改变生活固有模式，创建全新家居生态。

因此，与单一的智能家电相比，海尔智能生活最突出的特点就是差异化的应用场景，满足消费者个性化的消费需求。在"人单合一模式"的基础上，海尔推出"5+7+N"全场景成套解决方案。"5"就是在智慧客厅、智慧卧室、智慧厨房、智慧浴室、智慧阳台 5 大物理空间，例如在智慧厨房，用户打开"U+"App，就能查看冰箱存储的食材种类、产地等信息；智慧浴室里的海尔洗衣机可以自动识别衣物、水质等，还能根据筒内衣物类型和数量，推荐洗护方案；"7"指的是全屋空气、全屋用水、全屋洗护、全屋安防、全屋空气等在内的 7 大全屋解决方案；"N"则是指用户可以根据自己的偏好自由定制生活场景，打造专属于自己的个性智慧家。物联网时代风口，这些全新应用场景的背后，是海尔物联网生态系统的整体突破。越来越多的企业加入海尔的生态系统，与海尔一起构建全新商业模式。

多元化战略阶段的海尔，永远在追寻时代变革的路上。如张瑞敏常说的，没有成功的企业，只有时代的企业。海尔人一直信奉"不变则亡"，海尔的变革没有终点，一直在创造这个时代的模式，而后等着下一个时代的到来。"物联网 +5G"凝聚时代动力，海尔正探索着新时期的变革。

这是一个回归商业本质的竞合时代，5G 时代下，物联网正在以前所未有的速度发展，这为企业创造了新的机遇。物联网发展已成为不可逆转的趋势，其面向世界，是对现代行业的核心和模式的深刻变革，其将会成为新的市场"蛋糕"，企业要想在5G市场变革中重生，就要顺势而行，布局物联网，以创新构筑核心竞争力，实现质的发展。

第二节　关键：及时引入机器学习

大数据、物联网、云计算，近几年，这些词语已经成为科技发展中的重要"参与者"，移动网络变得越来越复杂，但 5G 网络的发展及其商业化的应用，为移动网络发展制造了契机。5G 时代下，智能化应用场景将更加普及，而这背后是更加庞大的信息数据，及时管理和处理暴涨的数据，关键就在于要及时引入机器学习。引入机器学习是企业布局 5G 市场的重要步骤，机器学习可以为企业分析和处理海量数据，从而使得企业更深入了解客户，更快地应对市场变革。

✧ 布局市场，机器学习是关键

5G 为智能医疗、智能家居和智能交通等多层面、多领域的应用与服务创造了全新的平台，企业可以利用其生成的更加细化、全面、个性的数据全方位地分析、了解用户信息，从而为用户打造优质的服务体验。动态的、复杂的数据，在 5G 网络的支撑下，将会更加纵深化和复杂化，为了能够让数据管理提高企业活力，使用机器学习来分析复杂且庞大的数据是必要的，这也是企业布局 5G 市场的关键点和支撑力。

机器学习是一种自动建立分析模型的数据分析方法，是网络自动化运行的最佳方案。机器学习可以在很短的时间内感知、挖掘、预测、推理和分析大量的数据，并根据市场环境的变化，对未来事件概率做出预测，针对预发性境况提出前瞻性的解决方案。例如，网络和用户之间进行信息交换时，会形成大量的数据，机器学习系统可以从中识别出有效信息，并在没有人为干预的境况下快速、准确地做出决策或方案。

目前，机器学习主要有四种学习方式：一是连接性预测，其主要工作机制是通过对已有标签的数据进行模拟式学习和分析，形成固有性记忆，在此基础上对新数据形成正确的预测，列出针对性计划方案；二是无序性预测，此种学习方式的工作机制主要是在没有标签的数据中寻找数据间存在的内在联系或连接性结构，在这一过程是随机、无序、没有基础数据做依据的，最终的结果也无法预判正确性；三是杂糅性预测，杂糅性预测指将大量的无标签数据和少量有标签数据放到一起进行分析，通过分类归纳，算出无标签数据的倾向性，以提高算法的学习性能，进而提升对未来无标签数据的预测判断；四是优化性预测，即强化学习，以不断试错的形式算法提高预测的正确率，并调整策略以获得优策略，即判断在什么状态下选择什么行为可以获得最好的结果。

5G 技术主要是采用新的网络频率为企业提供不同种类的服务，5G 时代下，引入机器学习是企业发展的重要战略布局，但在 5G 网络下引入机器学习时，需要根据应用场景的不同选择合适的算法。而且，针对具体的应用场景，机器学习算法还要反复演变，使其更加细致化、全面化，以调整和适应具体场景应用。所以，真正引入机器学习，企业仍然需要注意众多问题。例如，企业如何找到适合自身的机器学习算法，如何在保护用户隐私下精准用户数据等。对此，企业要在实现机器学习引进的同时，还要懂得实现机器学习安全守卫，以保护用户隐私信息，促进行业生态的健康发展。

✧ 谋时谋势，躬身入局

当人们在争论和定义 5G 服务时，众多的企业已经开始面对由其引发的前所未有的数据风暴，在 5G 基础设施建设过程中，机器学习的地位显著提升，将机器学习嵌入企业运营管理中是企业踏过 5G 时代的必由之路。而在众多企业寻路无门时，戴尔早已入局。

戴尔以机器学习和深度学习解决方案，为全球主流企业提供高性能计算和数据分析功能。其通过机器学习为企业分析数据、推出相应解决方案，能够使企业在信息检测、图像处理、金融投资分析等领域实现技术突破。

市场中，虽然众多的企业在引进机器学习方面跃跃欲试，但他们却不敢轻易推进机器学习引入的进度，这主要是因为机器学习复杂而烦琐，只有少数企业精通机器学习的相关专业性知识，了解如何通过机器学习获取精准、有效的信息。而戴尔布局机器学习，除了有强大的合作伙伴在生态系统方面的支持，还有企业内部人员在高性能计算和数据分析服务方面的专业知识，其进一步研究了全新机器学习就绪产品。基于此，戴尔及时引入机器学习，完成海量数据搜集，从而让用户根据数据分析实现更深入的业务洞察。

其实，面对机器学习这一新兴技术，众多企业并不知如何充分利用这一技术分析数据，做出针对性解决方案。为了帮助其能够快速了解数据倾向，掌握动态信息，戴尔为客户提供了具有针对性的机器学习计算解决方案，同时还提供行业及高性能计算专家的意见和指导。

另外，戴尔还计划与英特尔进行密切技术合作，旨在合作助力人工智能、机器学习和深度学习领域的发展。

其实，机器学习早已逐渐走向市场，只是基于网络运行的限制，尚未实现大面积普及，5G 技术的诞生，可以说是为其提供了强有力的支撑。企业布局 5G 市场，处理动态化数据，及时引入机器学习是必要的。戴尔谋时谋势，躬身入局机器学习，5G 技术的爆发，戴尔利用其性能，可以进一步推进机器学习的计算性能，为客户提供更好的服务与解决方案。

◇ 三思而后行

1951 年，阿兰·图灵在其论文中提出了一个简单但不可思议的问题："机器能思考吗？"如今，这个问题得到了印证——机器能思考。由于机器学习系统可在不受人为干预的情况下自行评估新数据及行为，尤其是 5G 网络带来的信息泛化，众多公司需要在布局 5G 市场过程中，引入机器学习，在多种应用场景中利用其打造全新方案。然而，机器学习的真正价值，不是当前纳入并分析的内容，而是做出决策的能力。

机器学习并不是简单引入即可，它涉及多方面的性能，为了能使机器学习的有效性得以最大化利用，企业在引进机器学习前要清楚了解自己应做好哪些准备。

一思：收集高质量的有效数据。

机器学习做出高效预判的前提，需要以大量有效数据为基点，有效数据才能提升机器学习在运行过程中快速、高效分析、归纳数据的能力，进而准确预判市场动态。尤其是随着 5G 网络的不断普及，市场流通信息更加烦冗复杂，要确保机器学习能够从庞大的数据中摘出重要数据，就要以有效数据为算法训练要素。因此，企业在引入机器学习前，要强化数据筛选系统，尤其是对自动化恶意软件分析系统的强化，从大量的劣质和良性数据中搜集精准有效数据，从而将其与机器学习相结合，使得机器学习对恶性数据进行确定，让机器学习准确区分危险和良性信息动态，以便更好地为企业提供应对方案。

二思：多层次建立安全保障。

5G给人们带来了更加高速的网络，但也会因此带来新型网络安全隐患。企业以机器学习进行数据归纳，需要保证企业可以在多个层次上运行，如监测网络流量的异常、分析用户行为数据等。而实现这一前提就需要企业在网络流量、用户行为及终端等多个层次建立安全保障，确保机器学习在多个层次运用过程中的安全性。如果企业只针对自身网络异常做了安全保障，对终端或用户行为都没有建立安全防线，机器学习很有可能无法确定恶性数据，从而做出不明智的决策。

三思：引入机器学习前，准确表明问题。

市场中很多供应商通常会表示自己的解决方案中囊括了机器学习，但大多数时候，这项功能是被夸大了的。企业在引入机器学习时，要从其系统准确率、速度和效率上切入，询问供应商机器学习搜集数据的来源，搜集数据的频率，以及解决方案做出决策引导动作的速度。只有拟定全面深入的问题，企业才可以选择出适合自己需求的机器学习系统。

机器学习无疑正在成为众多企业的得力助手，5G产业生态逐步丰富，应用探索不断深入，企业迈入5G市场的关键就在于及时引入机器学习，深入挖掘数据规律，从而依据规律准确做出市场预判，为企业发展开启通道。

第四章
布局未来 5G 市场

第三节　扩张：机器取代人工决策

中国是个快速变化的市场，技术变革、经济变革和模式变革所引起的商业变化，不但激烈而且迅猛。在这样一个剧烈变革和转型的时代，我们很难看清未来，但越是这样，企业越需要有一个相对长远的视角，看清未来的趋势。5G 网络正在加快前行的步伐，它所带来的一系列连锁性反应都可能会引发一场颠覆性革命，延伸出全新的市场趋势。

在此背景下，企业需要在全新商业模式推出前，早日布局 5G 市场。未来，物联网是大势所趋，及时引入机器学习是发展关键，而企业要想在 5G 市场中延伸扩张，就需要以物联与机器学习为基础，逐渐以机器决策取代人工决策。机器代人从一定意义上来说，不是彻底取代人，而是在一定程度上解放人力，为人类"增强智能"，实现自动化动态决策。

◇ 机器决策，重塑人机关系

2000 年，太阳计算机系统公司的联合创始人比尔·乔伊在《连线》杂志发表了一篇题为《为什么未来不需要我们》的文章。文中写道："随着社会及当前的问题变得越来越复杂，随着机器变得越来越聪明，人们会更多地让机器代替他们做决定，仅仅因为这么做有更好的结果。"

2019年3月，中国民间商会副会长，百度在线网络技术（北京）有限公司董事长兼首席执行官李彦宏在《加快推动人工智能伦理研究》的大会上发言表示："人工智能将会在未来几十年对人类社会产生巨大的影响，形成颠覆性技术改革，创造出全新的商业模式，这已经成为国际社会的共识。当前，人工智能还处在发展初期，但已经展现出巨大的变革力量。机器不仅在语音识别、人脸识别等领域接近，甚至在某些方面超过了人的能力，而且未来可以代替人驾驶汽车、诊断病情、教授知识、检验产品等。也就是说，机器将不再是单纯的工具，而是有可能帮助甚至部分代替人进行决策。"

《智能商业》作者曾鸣表示，所谓的机器代替人决策，背后倚靠的是算法的发展。"就而今的人工智能发展水平来说，没有大数据场景，算法就是无米之炊、无水之源，反过来，如果你的数据没有通过算法引擎实时计算、产生决策，这些数据也都被浪费掉了。"曾鸣说，"换言之，任何企业未来都要找到一种和用户实时互动、实时反馈的方法，谁先完成这个闭环，谁就有最大的优势。"因此，曾鸣将机器决策称之为"数据压强"。

在网络不断扩张的过程中，数据自然被记录下来，于是数据量会越来越多。在这种巨大的原生性压力面前，人力束手无策，数据智能是唯一且必然的选择，如此便进一步推动了机器学习发展。

淘宝"双十一"狂欢日已持续多年，这一天的交易量异常惊人，如此庞大的交易量仅仅依靠员工操作处理是完全不可能的。曾鸣表示，早在多年前开始，每年的双十一，淘宝大部分员工便已经不需要去管理交易，即

第四章
布局未来 5G 市场

便是压力最大的客服部门，也不需要加班，解放人工的背后是机器的智能决策。客户在淘宝中所看到的产品，挑选的产品，收藏的产品，再次登录淘宝后推荐的产品等一系列过程，都是由机器自动分析、决策完成的。

淘宝的核心是一个巨大的搜索和推荐引擎，对于搜索引擎而言，只要其承载量大，可扩容性强，处理百万条商品信息与处理上亿条商品信息是无差别的，这是依靠人力无法完成的工作率。另外，每一个使用它的用户都能得到个性化的服务，而这些个性化服务的背后是这个时代正在演变的趋势——机器取代人进行决策、提供服务。越来越多的场景开始向机器化、智能化倾斜，单纯依靠人工已经无法完成海量的针对化服务。淘宝的核心推荐引擎就是机器决策的运用，它是一个巨大的机器集群，它取代了人工处理机制，每天对海量数据进行自动决策及处理。

随着 5G 时代的到来，云、网、端三位一体的云机器人，将会在市场中得到大规模应用。当机器遇上 5G 技术，机器取代人工决策将会更加智能与科学。例如，现代汽车自动驾驶技术，当与 5G 网络结合后，无人驾驶便会更加智能化，机器可以取代人工去进行路况判断，自主决策前方是否有行人通过需要避让避让，红绿灯的停驶等，从一定意义上来说，其可以依靠科学的数据分析实现更加安全的驾驶行为。

未来的商业决策逐渐靠向人工智能，机器取代人工决策已是大势所趋，机器将在更多的场景中扮演重要角色，它所完成的工作量及产生的效果超过人工运作形成的效率与质量。

◇ 算法代人，便利店的出圈路

当人们在对瑞幸咖啡争议不断之际，一家名为便利蜂的便利店悄然潜行，在庞大的消费市场机遇降临之际狂飙前行。

便利蜂成立于 2016 年 12 月，2017 年 2 月在北京开出第一家门店，随后在北京多个商圈开始了区块渗透式拓展。历经三年多的发展，便利蜂不断"裂变"，截至 2020 年 5 月，它已经在全国 20 多个城市开出了超过 1500 家门店，仅北京地区便有超过 500 家门店实现了整体盈利。便利店作为一种单店营收的小业态，实际上能够在短期内实现门店整体盈利是异常困难的事情，便利蜂却在短短三年内做到如此盈利，与其运营模式分不开。

在便利蜂的运行模式中，是以算法代替人，"中央大脑"是连接一切的中枢，便利蜂的整个供应链、店铺在这一"中枢"指挥下展开一系列裂变。简单来说，便利蜂的模式便是机器取代人工决策，便利蜂的后台系统就像一个处理信息、作出决策的大脑，"中央大脑"通过商品指标计算出消费者倾向并形成各种业务决策，而业务链条上的所有人员，只需要依照决策开展业务活动即可。例如，门店日常经营，选品、订货、陈列、排班等都由"中央大脑"决定。此外，"中央大脑"还会给门店输出联合促销、跨门店的人力调拨等决策，店员可根据自身条件与布局，在决策基础上做出适合的单店策略。

在门店运营过程中，会面临众多决策问题，尤其是对产品类型与进购数量的决策，需要店长依据经验去做出判断决策。然而，便利蜂却将此类决策的权利交给了"中央大脑"。

在传统店面运营中，店长这一角色占据着举足轻重的地位，一名优秀的店长需要时间、资源的"浇灌"，这是一个长期的、持续的过程，至少需要两年时间。另外，便利店在进行连锁扩张过程中，还会面临人才断层与流失的问题，这也在一定程度上阻碍便利店的发展。在便利蜂，传统门店所面临的问题早已不存在。便利蜂门店店长的大部分工作都被智能化工具所替代，门店的工作人员只需要按照"中央大脑"的指示行事，除了顾

第四章
布局未来 5G 市场

客服务、商品上架、卫生打扫这些系统无法代替的工作内容外,其他基本上都没有人工参与。如此一来,高效、精准的智能决策缩短了人才培养的时间,可以使门店快速扩张,占领市场。

严格来说,便利店只是便利蜂运行机器决策的载体,算法才是其真正的灵魂所在。5G 技术全面爆发后,机器将会更加智能化,当机器决策更加精准、有效时,便利蜂的价值也得以最大化提升。

便利蜂通过 5G 技术发展的视角,以大数据与人工智能技术为着力点,形成了"中央大脑"决策,人员辅助执行的模式。便利蜂的这一模式可以说打破了传统便利店的商业模式,形成了高效率、一站式的省人力、节成本便利模式,为传统便利店提供了全新的市场突破思路。而关于便利蜂估值的传言也甚多,20 亿美元、30 亿美元,更有甚者认为"远超过 30 亿美元",但无论哪个数字,在短短两年时间内,实现这样的业绩增长也是惊人惊叹的。

5G 技术的革新,给人—机关系模式带来了新的挑战,也促进了物联网、人工智能、云计算、等技术的新发展,其将深刻改写人与社会的连接,改变人的认知与决策行为。5G 也将催生出狂风骤雨的商业扩张时代,企业将重新划分市场版图,布局 5G 市场,在以物联网为趋势,以机器学习为关键的支点下,实现市场扩张就需要以机器取代部分人工决策,以算法创造商业价值。

第四节　核心：数据与数据的交换

5G 网络的出现是一种全新的技术变革，其以更高的速率、更大的容量、更低的时延成为市场商业模式重塑的核心之力。也正因 5G 网络技术的特性，推进了生产与社会技术设施逐渐向数字化靠拢，使大数据、物联网、机器学习等技术与应用从抽象走向具体，从初始走向成熟，而这一切的发展，都不开一个最基本的核心要素，即数据。数据对于当下社会的发展，尤其是对 5G 时代下的信息传播有着至关重要的作用。未来，数据的价值和战略意义将不断提升。

✧ 数据：核聚变的开端

5G 网络技术的不断推进，对产品、服务或者生产等具有深刻的影响，每一个产品、每一项服务、每一个生产环节都将转化为数据的生产者与消费者，也就是说数据将会成为一种重要的资源，是企业重要的价值要素。过去，传统企业发展需要依靠人才、资金、技术等，在 5G 时代，数据会成为企业新的发展要素,是企业布局 5G 市场的着力点。

5G 技术使得物联网更加成熟,而物联网的各个终端设备会各自生成数据信息,从而汇集成海量的数据,尤其是 5G 的高速率与低延时优势,使得数据采集更加便捷快速,极大地推动了海量数据的汇集。此外,5G 网络会进一步丰富数据的维度。一方面,当下数据的维度仅保持在人与人之间,而 5G 技术的发展,会使得人和物、物与物之间的连接产生的数据类型更加丰富,数据的采集也不断增加。另一方面,车联网、远程医疗、智能制造、超高清融合通信系统等依托 5G 网络的新型应用将构建新的丰富的数据维度,同时,AR、VR 等随着 5G 技术的发展,其所形成的数据在数据维度中的比例也会进一步提升。

如果说 5G 会进一步丰富数据量,那么,以 5G 网络为支撑的应用便需要海量数据作为成长基点。以 AI 为例,随着 5G 的发展,AI 将会是一大风口,而 AI 的发展离不开大数据的支撑,只有在数据足够多时才能将 AI 转化得更加趋近于人脑。例如,自动驾驶系统,需要采集各种驾驶、路况、天气、行人行为等数据,将其输入系统中,才能强化智能 AI 的驾驶处理能力,从而使自动驾驶成为可能。

如果将数据比作水流,5G 时代的到来,会让数据汇聚成大海,数据信息将会更加细化与庞大,而企业在依据这些数据进行市场分析与技术应用时也将更加精准。数据可以说是企业核聚变的基本要素,是企业布局 5G 市场的有力武器。众多企业敏锐地察觉出 5G 时代下数据资源的重要性,从而纷纷建立自己的数据中心,对于数据的重视达到了前所未有的高度。尤其是传统企业,在互联网的影响下开始寻求数字化转型,大数据开始在传统行业广泛传播与应用。

总之,在 5G 市场中,数据更加烦琐与细化,数据的搜集会变得复杂,

第四章
布局未来 5G 市场

而在此境况下，如果企业间进行数据交换，那么企业在 5G 市场中极可能实现断层式发展。企业间进行数据交换与共享，就可以形成一个数据网，在这个"数据网"中的企业可以彼此连接，获取更加广泛的数据点，不仅可以最大化地实现数据的价值，更可以创造出 1+1＞2 的应用效果。

以餐饮企业为例。餐饮企业可以搜集到就餐人流量数据、基础消费数据、会员数据等基础数据信息，这些数据能够有效帮助餐饮企业纵观市场动态，了解消费者偏好，掌握消费者整体流向。也就是说，数据对于企业而言并不是简单的数字，而是可以转化为数据价值，在智能化时代，数据更是企业降本增效，赋能价值的核心。

数据之于企业具有核心价值力，当餐饮企业的数据与其他不同类型的数据进行交换时，如与电商、超市、零售等行业进行数据交换后，催生出电商+餐饮、超市+餐饮、零售+餐饮等新模式，而进行数据交换的企业的数据量也从 1 变为 N。如此一来，餐饮企业不仅可以掌握普遍性数据，更可以掌握消费者饮食倾向，阶段性饮食需求等数据，以更加全面的数据了解餐饮消费市场信息，基于此做出更加精准化与细致化的战略调整。所以，5G 时代，需要以数据为支撑的企业要懂得进行数据交换，共同提升数据的本质价值，这是大势所趋。

数据与数据的交换是企业布局未来 5G 市场的核心，但其实，各个行业能够进行开放性的数据交换，还需要一个长期的过程，需要建设安全数据交换平台。每个行业将本行业中的数据作为一种资源，与其他行业的企业进行数据调用，才能发挥数据这一核心资源的价值，让数据固有的价值得以最大化的提升。

◇ 融合，打破"数据孤岛"

5G时代，数据是企业最重要的战略资源与核心资产，具有无限、长期生成的特性，以分析、处理海量数据为根基的算法是当下市场发展的主要驱动力。数据可以穿越时空与边界，打破存在于企业之间的数据壁垒，破除"数据孤岛"，进行数据与数据的交换，从而培育出新产业、新模式。但数据共享与交换并不是一件易事，在数据交换的过程中，会涉及众多因素，因此，企业更要懂得在进行数据交换时应遵循的规则。

第一，安全性规则。数据是一家企业的核心资产，尤其是在5G时代，数据更是企业在市场中的竞争利器，企业拥有全面、综合性的数据是其发展的优势，可以转化为无限的价值，因此，保障数据安全性是必要的。企业在进行数据交换时，就需要建立数据管理综合平台，建立数据统一获取、归集机制，尤其是当"数据网"中具有多家企业时，更需要一体化的大数据中心，形成"企—企"数据互通的数据要素流通体系，从而保障数据安全性，提升和放大数据价值。此外，还需注意，规范数据，尤其是在相关法律法规尚未完善之前，企业一定要优化数据，规避问题数据，共享健康数据。

第二，有效性规则。在5G不断推进过程中，市场必将会重塑，这时，企业占领5G市场的关键就是通过分析用户数据，识别核心用户，对用户进行更为细致化的分类，以"微细分"明确用户的特性与个性化需求，从而提升用户杠杆，提高对不同用户的吸引与转化。在这一过程中，数据是核心要素，数据交换是支撑，通过数据交换，企业可实现线上数据和线下市场的优势叠加。但企业在进行数据交换时，要注重平等与诚信，数据的交换是为了实现叠加优势，交换的数据要真实有效，只有拥有有效的数据，

第四章
布局未来 5G 市场

企业才能更加全面分析出信息动态。因此，企业要秉承有效性规则，万不可将无效数据共享给其他企业，彼此诚信，才能实现能量聚变。

第三，简化性规则。随着 5G 的发展，应用系统不断增多，数据量增多，数据应用环境更加复杂，当企业没有统一的数据资产标准时，其系统中的数据质量会参差不齐，数据的准确性和及时性随之降低。企业进行数据交换前，首先要对海量数据进行简易化整理，即剔除冗杂的数据，将有效数据进行整理，而不是将繁杂的数据与对方交换，否则，不仅会增加对方的数据获取难度，更会降低数据利用率。其次，要及时更新数据，数据不是一成不变的，一秒钟的时间，便会形成全新的数据，因此，企业要及时更新交换的数据，从而掌握最新市场动态，观察最新市场趋势。

随着 5G 时代的到来，数据将成为未来商业世界中的核心资源与信息载体，将会成为企业转型升级、提升竞争发展力的核心驱动之一。企业在布局 5G 市场过程中，业务的变化、经济的转型、用户的需求等，都需要企业进行数据与数据的交换，实现不同类型数据的全面性掌握，从而创造出数据的叠加优势，从 1 变 N，使数据资源创造出无限的价值，推动企业在 5G 时代的演进。

第五章
在碰撞中再创巅峰

5G时代，科技与商业将进一步深入融合。5G商业应用中，正确的发展理念将发挥更为明显的引领作用。建立5G思维、制定5G战略、构建5G模式、应对5G革命成为企业在未来商业文明演进中拔得头筹的坚实力量，也是保障5G技术持续、健康发展的重要基础。

5G新理念的建构不仅需要重塑商业战略思维和商业模式，还要深入研究新旧理念体系关系，在矛盾与磨合中使5G建设更加完善、使用更加充分。所以，机遇与考验交织，在5G新航程中，让5G商业理念持续升级、创意不断迸发，在碰撞中寻找新契机，才能使5G成为企业新时代发展的核心动力。

第五章

行政裁判所の創設

第五章
在碰撞中再创巅峰

第一节　5G 思维，与未来对接的全新思路

思维决定出路。对于企业而言，拥有与时俱进的企业思维对企业的经营与发展有着不可或缺的作用。随着 5G 时代的来临，涌现出不计其数的新型企业抢占市场，对于传统企业而言无疑是一场生死较量。企业无法改变 5G 所带来的外部环境，但可以迎着数字经济时代的来临建立 5G 思维，在与未来对接时从容不迫。

面对 5G 在全球的部署与商用，5G 将不仅仅是传输革命，更是全新生产力与全新思维方式产生的来源，将是数字化商业的新价值引擎。那么，在这场红利与危机并存的角斗场中，传统企业如何扭转思维定式，迸发出 5G 思维，抢占未来呢？

✧ 正视现在，重塑企业认知

在信息传输进入感应时代的今天，人类已经迎来信息革命的新时代，即 5G 时代。资本对于 5G 的嗅觉十分敏锐，而市场对 5G 的认知也逐渐清

晰。5G 的正式商用意味着短期成果将更快兑现，同时也将推动中国正式迈入 5G 时代，迎来新商业模式的启动。

毋庸置疑，5G 正在重新定义新产业形态和新商业形态。重新定义新产业意味着 5G 作为全新生产力将重塑生产关系。得益于 5G 技术带来的高敏感、精准化的连接与传输优势，那些原本具有高壁垒的技术将会逐步下放，给了小型创新创业企业更多的发展机会，随之而来也会带来新商业形态。因而对于企业而言，正视现在，通过感知、认知与预测三方面提升企业发展能力，为建立 5G 思维做准备。

第一，以 5G 感知能力提升企业商业嗅觉。5G 网络，具有连接一切的可能性，因而为物联网的加速发展注入无限动力。基于万物互联，5G 作为一个开放的网络系统，它所带来的高容量也给终端应用设备与传感器设备的连接带来更多可能性。如此一来，这些设备将能在不同的应用场景中实现有效运作，5G 强大的连接能力使得企业不仅能够通过数据掌握用户信息，而且能够感知数据所带来的企业的商业状态，提升企业的商业嗅觉。对于企业而言，企业获取的数据越多，就越能通过数据的累积与融合提升企业的商业嗅觉。

第二，以 5G 认知能力提升企业智能服务。基于 5G 技术本身所具备的各种优势，5G 不会局限于传统通信局属领域，跨界融合与智能化发展将是未来目标。大数据、人工智能、云计算与物联网等技术的融合发展，推动 5G 为智能认知奠定基础，实现空间信息的实时智能服务，构建出一个全社会共同参与且可以和各行各业跨界融合创新的全新生态系统。

在这个生态系统中，企业不仅可以通过现有数据信息提升企业的管理与智能服务，而且可以实现实时掌握、反馈信息和优化经验，推动企业发展。除此之外，企业的运营方式和为用户提供的服务方式也会发生本质变化，从原来简单地提供连接转变成为用户提供价值与智能服务，从而构建一站式解决方案，打造商业闭环。

第三，以 5G 预测能力提升企业商业思维。5G 时代的到来，数据传递变得无处不在，与此同时，数据向客观化与精准化转变。在 5G 技术的支持下，智能数据分析与企业业务系统将实现深度融合，企业能够有效进行业务、营销、用户等多种类型数据的交叉分析，让数据不再单打独斗，从而为企业精准决策与预测提供有效支撑，构建企业未来竞争力。

总之，企业要想建立 5G 思维，以对接未来的姿态斩获未来市场，就应正视 5G 已经到来的事实，重塑企业认知，通过 5G 技术赋能企业数字化运营与创新发展，跟得上时代步伐，跑出现代企业新速度。

重塑企业认知之路，无论是在 5G 技术上还是在商业变革上，都是一条长远的创新之路，在这条充满未知的路上，尽管充满了挑战，但看得到的是对接未来的无限希望。

◇ 对接未来，建立 5G 思维

相对于 4G 而言，5G 技术的出现绝不仅仅只是速度与数据的优化，更是思维方式的重新建立。

未来，"5G 改变社会"将不再是空谈，而是正在发生的现实。当万物互联的时代展现在我们面前时，5G 将赋能一个人与人、人与物，乃至物与物连接无处不在的新世界，所有的终端都可以实现智能化，并接入互联网当中，无论是生产、消费还是生活，意味着一个以 5G 技术为标志的全新时代的到来。

在"新基建"的驱动下，我国的 5G 建设已经正式进入规模化部署与应用创新落地的进程中，而随着 5G 用户的持续飙升，也将我国的 5G 推向全新的发展阶段，将不断创造出新价值。

"最好的5G网络在中国"已是共识，处在5G时代全球第一节梯队的中国企业，是时候率先建立5G思维，对接未来，在碰撞中再创巅峰！

首先，"5G+物联网"思维。物联网概念早在比尔·盖茨1995年《未来之路》一书中出现，时至今日并不算一个新概念，但大部分企业对它的了解程度仅仅体现在概念之上，并未真正地引起世人重视。

如今，伴随着5G技术的正式商用，5G技术为物联网接入提供技术保障服务，因而物联网所构建的应用场景将更加容易实现。"5G+物联网"是大势所趋，在不远的未来将是万物高速互联与智能化生活的新时代，对此，企业应建立物联网思维。

一方面，企业应正视物联网思维对企业发展的促进作用。提到物联网，许多企业缺乏跟上数字经济时代的物联网思维，将物联网当作营销的"噱头"，没有从根本上进行创新，这样所带来的结果只能是企业失败。企业正视物联网思维，就是在互联网、智能制造、智慧城市等发展的今天，对市场、对产品和对整个商业形态进行重新审视，把握企业发展方向，以物联网为发展前景，打造未来市场。

另一方面，企业应以5G技术为利器，重塑物联网思维。5G与物联网的结合已经成为未来商业发展的共识，强强联合将为未来的商业发展打开一扇智慧之门。企业完全可以利用高速、超低延迟的5G网络搭建企业应用平台，赋能生产、营销、服务等一系列环节，加速企业智能化转型，创造价值。

其次，"5G+大数据思维"。5G技术的应用与实现将为企业弥补4G通信技术的不足，以高效的传输速率满足企业对海量数据传输、储存、处理的要求。进入数字经济时代，大数据应用已经全面开花，逐步从互联网企业向众多传统行业深入发展。众多企业已经建立起自己的数据中心，力求不断通过数字化手段实现转型与升级。由此可见，大数据对企业发展的重要性。

形成"5G+大数据思维"，是企业建立5G思维的关键一环。企业在建立大数据思维时，一方面企业需扭转传统思维，由自然思维向智能思维转变，使大数据更具有生命力，获得"人脑"的智能与智慧，增强自主决策能力。另一方面企业要学会借助5G的高速、低延迟等能力，挖掘大数据所承载的更多应用场景。5G毋庸置疑会带来大数据的爆发式增长，进而推动大数据应用场景的繁荣，最终回归商业本身，提升企业商业价值。

最后，"5G+用户思维"。在物联网与5G技术应用之前，对于传统用户而言，用户连接是点状和静态的，单纯来自线上或者线下都不足以支撑企业对用户需求的及时捕捉与精准服务，那么尽管企业树立了用户思维，也会因技术、环境等外在条件不断地流失用户。如今站在万物互联的时代之下，加上5G技术的助力，企业在建立用户思维时有了更精准的刻画与实施方案。

"5G+用户思维"的本质是"体验感"，企业可以从以下两点加深建立用户思维：一是以用户真实需求为导向，通过大数据精准获取用户需求，增强其消费体验；二是挖掘多种渠道，延伸消费场景，借助5G技术构建多元消费场景，强化产品、渠道、价格、推广的核心能力，使场景赋能，提升用户的忠诚度。

通过"5G+物联网思维""5G+大数据思维"与"5G+用户思维"三位一体的将5G思维具象化，推动企业对接未来，迎接新挑战。

中国正在跑出5G的世界速度，未来5G市场发展将有着超乎想象的发展广度，企业更应建立5G思维，在5G时代下碰撞出新火花。

5G中国，未来可期。对于中国而言，5G为社会与生活带来了全新变化，让中国成为未来数字经济的使能者。中国企业，未来无限。5G会带来万物互联的新时代，将企业发展带来前所未有的发展机遇，为各行各业的数字化与智能化升级赋能。

第二节 5G 战略，头部效应的生存策略

世界上最高的山峰是哪座山峰？珠穆朗玛峰。那第二高峰是哪座呢？是乔戈里峰，仅比第一高峰低了 200 多米。

世界上第一个登上月球的人是谁？阿姆斯特朗。那第二个人是谁呢？是巴兹·尔得林，仅比阿姆斯特朗晚了几分钟。

这种现象被大众称之为头部效应。大众所熟知的永远是第一名，而对于第二名、第三名，或者是更加靠后的排名很少去进行了解。在市场中，也是如此。用户也许会说出众多企业的名称，但在购物的时候却往往会选择行业排名靠前的企业。这就是头部效应。

在 5G 时代，大型企业凭借着雄厚的资金，引入 5G 技术并投入生产中，成为新品的生产者，受到用户的追捧和喜爱。那么，在这头部效应的困境下，其余企业该如何凭借 5G 战略赢得生机，抢占 5G 市场呢？

◇ 头部效应，战略布局

据统计，在市场中，行业的头部企业所能吸引的用户注意力是40%左右，第二名是20%左右，第三名则在7%~10%，剩下的企业只能共分剩余30%左右的注意力。由此不难看出，头部效应往往可以给企业带来更多的用户关注，也能不断增强品牌影响力，从而为企业带来更多的收益。

从4G时代迈进5G时代，企业要精准分析并判断自身实力及对手实力，在知己知彼的情况下，才能更好地制定、调整发展战略。

第一，企业要了解自身在5G时代所具备的竞争力。不可否认，5G时代的到来在很大程度上改变了某些产业的竞争格局。在此商业大背景下，企业在5G时代所具有的竞争力就成为能否在市场中发展的重要因素，这决定着企业能否正式进入5G时代，并成为企业在5G时代能否提高竞争优势的关键。

企业自身的竞争力，不仅是企业领导者在面对未来各种不确定的因素所做出的前瞻性的综合判断；而且是企业对未来目标指向性是否有明确的定位；更是企业是否具有更有优势的市场地位和是否具备可调整空间。

第二，企业要分析市场中潜在进入者的竞争能力。5G作为发展前景巨大的新兴产业，未来将会吸引更多的潜入者，且数量巨大。在利润高、国家政策支持的前提下，潜在进入者或许还可以通过资金注入来确保或提升企业本身的竞争能力。

目前，5G仍处于"导入期"，市场结构较为单一，虽然其所涉及的领域和产品较多，但目前均未形成标准化。此外，因为5G技术的引用、研发和使用加大了企业的开发成本，导致诸多5G产品价格偏高。面对这种情况，企业应通过包含5G技术的差异化战略来赢得市场和用户，如提升

第五章
在碰撞中再创巅峰

企业产品的生产质量、产品特色等。

第三，企业要洞悉同一行业现有竞争者的竞争力。身处在某一行业中，企业要先了解该行业的整体发展情况以及同行竞争者的发展实力。在行业中，同行业产业的增长速度较快，那么就意味着该行业的大部分企业都可以跟上产业发展速度，而在5G技术的助力下，这些企业便可以发挥自身的独特优势，占据更多市场份额。

在对同行竞争者进行分析的时候，企业首先要了解，同行业竞争者的发展规模和资源，与自身相比有什么差别，判断出自身在行业中所处的位置。企业在确定了所处位置之后，再横向与竞争者对比，看如何利用5G技术拉开与同行竞争者的距离，可以将竞争重点放在产品质量和产品服务等方面。

在5G时代，技术不断升级，企业想要在头部效应下生存，就要将自己变成头部企业，具有头部效应。头部区域具有"高注意—高收益—高投入—高增长"特点，企业在寻找头部区域时，还要注意先从市场价值出发，然后对差异化优势进行观察和思考，最后从最擅长、最熟悉的领域着手。

简而言之，企业实现头部效应就要先锁定价值，再创造优势。但，企业切不可好高骛远，妄图通过短暂的爆发式增长实现头部效应，而是要通过划分大行业中的细分行业，明确自身定位，灵活运用5G策略实现自身所处细分行业实现头部效应。

◇ 险中求胜，借势发展

纵观国内经济市场，自从通信技术与时代发展结合之后，市场中的企业都试图追求高速发展。但在5G时代，企业已经无法仅靠高速发展实现盈利，而是要以5G战略取胜，通过上下游的整合与产业链的协作配合，最终实现头部效应，并不断扩大头部效应的影响。

2020年9月16日，2020年度中国锂电池行业年度竞争力品牌榜单正式出炉。中国化学与物理电源行业协会秘书长刘彦龙曾对该行业进行了预判："目前，中国已成为全球最大的锂电池应用市场，但未来3~4年仍是行业发展最艰难的一段时间。以电池企业为例，市场进一步集中，规模前10位的企业甚至将占据90%以上份额。受其影响，锂电材料、设备等上游环节，也会逐渐向头部企业转移，中小企业的压力越来越大。"

那，为什么锂电池行业开始逐渐向头部企业转移了呢？

第一，行业所处大环境的改变。相关数据显示，2019年我国新能源汽车产销各为124.2万辆、120.6万辆，同比分别下滑2.3%和4%，这是近10年来首次出现下滑。产销的下滑导致新能源汽车产业中的供应商企业均受到不同程度影响，从而进一步影响该行业产业链中的各个环节。而锂电池行业作为新能源汽车的供应商之一，自然也受到了极大影响。

在此困境下，大型锂电池供应商企业还可以凭借资金、技术和产品等优势维持业绩，保持所占有的市场份额，放缓步伐，向前发展。但更多的小型锂电池供应商企业主要承接二三线车企订单，这些车企对补贴依赖极强，一旦补贴不到位，车企压力便会增加，从而波及锂电池行业中的小型企业，他们只能在夹缝中生存，险中求生。

第二，锂电池行业的需求疲软。电池产业近几年得到了飞速发展，产业链的上下游得到了发展，带动了产能扩张。但随着越来越多的企业加入该行业，该行业也从蓝海变成了红海，同时也因为锂电池行业在前期集中释放产能，最终导致市场需求疲软，相关企业受到不同程度的影响和限制。

在这两个因素的影响下，市场对锂电的需求开始走下坡路。但5G技术的出现为锂电池行业带来了新的发展机遇。

第五章
在碰撞中再创巅峰

随着5G的出现，2020年成为5G基站锂电池产业快速发展元年。相关数据显示，新建及改造的5G基站需求量至少达到10GWh。锂电池企业或可借此缓解发展困境。虽然行业整体呈良好的发展势态，但并不意味着所有企业都能从中分得"一杯羹"。

锂电池行业迎来利好，宁德时代、比亚迪等诸多头部企业均已有加速扩充的战略动作。但与此相对的是，产业链的价格战愈演愈烈，其中中游环节将会陷于进退的两难之境，一要面对来自下游整车厂削减成本的压力，二要面对来自上游资源类企业提升价格的重压。

所以，即使是头部企业也要顺应时代、市场和行业发展，实现产业链的协作配合，确保企业在未来一段时间内的稳定发展。除了头部企业，那些位于上下游的企业，也要通过产品的性价比，挖掘综合优势从而占据更多的市场份额。

✧ 5G战略，市场突围

从锂电池行业的发展中，我们不难看出，在5G时代，不管是头部企业还是剩余企业，都面临着发展难题。而想要解决这一难题，突破困境，企业就要设定5G战略，从而实现在新时代下的生存和发展。

第一，企业要明确在5G时代下的愿景和使命。全球第一CEO杰克·韦尔奇所提出的："优秀的企业领导者创立愿景、传达愿景、热情拥抱愿景，并且不懈推动，直至实现愿景。"对于5G时代的到来，企业要结合自身的实际发展情况，赋予企业愿景新的时代特征。

第二，企业要确立5G时代下的整体发展目标。通信网络的每一次升级都会引发相应的产业革命。而5G的到来更是意味着产业的一次跨越性发展，此次跨越性发展足以使各行各业发生根本性改革。在此大时代背景下,企业要在符合 5G 的发展要求下制定目标,也就是企业在借助 5G 技术实现高速发展之后能否为用户提供需求,从而使企业得到相应的经济回报。

第三,节约企业运营成本。5G 技术可以为企业提供全球海量的供应商信息,并智能地从中挑选出与企业相对应的供应商,为企业省去了费时费力的筛选环节,在最大程度上压缩了企业成本;此外 5G 技术还可以帮助企业压缩管理成本,过去因为管理人员与员工之间信息传递不对称、不及时,使得企业不得不增加运营成本来填补空白,而 5G 技术的出现帮助企业解决了因管理造成的问题,还删减了冗长的烦琐过程,使管理落实更及时、更高效。

第四,优化人力资源系统。在 4G 时代,甚至是 3G 时代,不管是绩效考核还是人事招聘都因系统硬件不到位使得效率迟迟得不到提升。而随着 5G 战略的引入,企业便可利用 5G 技术优化人力资源管理系统,实现人机合一,帮助管理者使用有效组织管理的方式和方法来降低成本并加速企业发展。

随着移动通信系统的不断升级,工业制造、医疗、教育和电力等诸多领域都融入 5G 的行业应用实践。在当下的 5G 时代,不管是哪个行业,也不管是头部企业,还是小型企业都可以通过 5G 战略的助力在市场中异军突起,大放异彩。

所以,在全球经济化的宏观背景下,企业的 5G 战略直接决定着企业能否在竞争激烈的市场中生存,能否在对手林立的行业中发展。

第五章
在碰撞中再创巅峰

第三节　5G 模式，无限拓宽企业潜力上限

在新一轮科技革命和产业革命的浪潮之中，各种新的运行方式与商业模式打破了过去的竞争法则，发展也不再遵循传统的规则。但无论运行方式如何变化、规则如何改变，模式始终影响着企业的未来发展。因此，对企业来说，不管是发展模式还是商业模式，始终首要实时更新、与时俱进。

◇ 模式构建，前瞻性布局

数字经济的发展脚步滚滚向前，企业需要在不同的阶段进行突破，而这种突破往往需要一种新的模式来应对充满变数的未来。在 4G 向 5G 革新的过程中，企业不仅要看到技术方面的迭代，也要看到模式上的变化。

在 4G 时代，企业大多会采用 B2C（Business to Consumer，即直接面向消费者销售产品和服务商业零售模式）或 B2B（Business to Business，即企业与企业之间进行数据信息的交换，传递的商业模式），但随着 5G 的到来，市场和行业拥有了新的发展环境和技术，这些模式也正逐渐被取代。

B2B2X（即企业对企业对第三方）正是5G催生出来的新模式，B2B2X模式的出现意味着企业正在进行业务模式的扩展。2019年12月13日，中国5G经济研讨会发布了《中国5G经济报告2020》（以下简称《报告》）。该《报告》认为B2B2X是最值得关注的营利机会之一。

B2B2X模式的主体包含三部分，第一个B是通信运营商，第二个B是中心运营商，X则是最终用户，这三者之间是相互交叉的关系。

一方面，通信运营商为中心运营商提供"通信+α"服务，中心运营商为最终用户提供服务；另一方面，最终用户会向中心运营商支付费用，中心运营商也会向通信运营商支付费用。

除此之外，位于首位的通信运营商越过中心运营商，直接向处于末端的最终用户主动提供服务，而最终用户也会直接向通信运营商提供数据。

举个例子，如果我们将MaaS（Mobility as a Service，即出行即服务）当作中心运营商，那么通信营运商就可以为MaaS提供可实现自动驾驶的5G服务，此外通信营运商还可提供最终用户的属性、所在地情况和偏好等数据，从而推导出最终用户的显在和潜在需求。而MaaS则可以通过这些数据分析为最终用户提供最佳的服务。

此外，在B2B2X这一模式中，通信运营商主要是为中心运营商提供"高速率""大容量"和"高灵活"的5G网络，并深度分析最终用户。而实现"高速率""大容量"和"高灵活"的5G网络有一个重要的前提，那就是云计算。

如今，云计算运用在各行各业，并帮助企业得到了极好的市场效果。如今，云计算不仅实现了最开始预想的"只对使用部分收费"，还实现了只对使用部分中的必要资源进行付费使用，这种使用方式，大大节省了企业成本。

正如中国电信董事长柯瑞文所说："5G 时代是云的时代，也是云和网相互融合的时代，5G 加速云网融合，云网融合为 5G 赋予更多内涵，两者共生共长，互补互促。"

✧ 5G 切片，精准化发展

在 5G 时代，除了 B2B2X 模式之外，还有一种模式始终备受推崇，那就是切片模式。德国博世集团的 Andreas Muller 先生曾围绕工业 4.0 和 5G 给制造业带来的革新，以《为了工业 4.0 的网络切片——对它的期待和机会》为题发表了演讲。他的演讲结论是，5G 所带来的革新，与高速率、低时延这些 5G 所具有的要素相比，依靠网络切片实现的多种通信应用到工厂中所带来的好处将会更多。

那么，5G 切片究竟是什么，又对企业和行业的发展有着怎样的推动作用呢？

与 4G 相比，5G 绝不仅是宽带变大这一优势和升级。目前，业界将 5G 的特性归纳为三个方面。

一是增强型移动宽带，这一方面主要是峰值速率、容量，频谱效率，移动性和网络能效的提升。这一特性主要服务于高清类服务，比如高清监控、高清直播等。

二是大容量机器通信，这一特性可以使 5G 网络容纳更多数量的接入设备，且不影响网络速度。该特性主要是服务于万物互联的场景构建。

三是高可靠低时延通信，该特性保证了在 5G 网络下的作业可以不受网速延时，保证了作业的实时性要求。该特性则主要服务于自动加速、工业互联网等作用。

从中不难看出，这三大特性能够针对不同行业和不同性质的工作提供策略。但如果企业在面对任何用户都同时满足以上三种网络特性，将会造成极大的网络浪费和成本骤增。为了同时满足三种情况的合理有效使用，并不造成网络浪费、可以最大程度降低成本，便出现了5G切片模式。

提到切片，大部分人首先想到的便是将一个完整的东西切成多个薄片，而5G切片模式也与其有着相似的地方。5G切片模式，是将5G作为一个整体，根据不同行业的需求，通过灵活分配共享，将整体切出多个独立、虚拟的板块，从而实现企业多样化的需求。

在华为发布的《5G网络切片白皮书》中，网络切片被定义如下：网络切片是一系列技术的集合，这些技术能够产生特定或专有的逻辑网络作为服务以支撑网络切片差异化并满足垂直行业的多样化需求。通过对功能、隔离机制和网络运行和维护服务进行灵活的定制设计，网络切片能够基于相同的基础设施提供逻辑专有网络。

目前，5G切片模式的主要产业市场有两种。第一种是增长型新产业。对于市场中的诸多新产业模式，其中有的是直接以5G网络特性为产业前提的，有的是紧密依靠5G网络特性。比如近年来兴起的高清直播和云游戏等，这些产业的兴起必然是依靠5G网络。此外，无人驾驶、远程医疗等与5G的大宽带网络为根基。

第二种是传统行业的智能化改造。如今AI技术早已赋能千行万业，并成为热议话题。但当AI真正运用于产业之中，便会发现AI只具有语音功能与可视功能，即进行看、听和对话，却无法自己动手。而这一问题直接暴露了缺少与AI形成联动、直接参与到生产环节的IoT（Internet of Things，即物联网）设备。

所以，企业想要凭借AI得到更为显著的发展成效时，就需要满足各类应用的AI+IoT设备的使用。而AI+IoT的发展前提便是5G网络的低时延、

第五章
在碰撞中再创巅峰

大连接数特性。由此看来，5G 切片和 AI+IoT 的市场是极为相似的，两者都是以与传统行业深度融合为重要发展方向的。

企业发展模式的重要性不言而喻，在全新的 5G 时代中，模式的好坏、适合与否在很大程度上决定了企业未来发展的胜败兴衰。无数事实已经证明，模式也在随着市场和行业的发展而变化。市场的发展不断改变方向，企业模式也将会随之进行转变。那些始终屹立在时代浪潮之中的企业都在不断探索和学习先进的模式。

不管未来如何发展，企业都必须不断创新和优化模式。否则，企业将无法摆脱时代变化中而存在的种种困境，更遑论在瞬息万变的时代有所作为。

第四节　5G革命，助力企业升级发展前景

5G变革改变世界，技术发展的步伐不可阻挡。不可否认，5G的更迭为企业带来了新的发展机遇与可能，但同时也带来了潜在的风险和危机。在机遇与危机并存的今天，企业要正确运用5G，否则只会加速企业的衰败。

当下，市场和行业中的新技术不断涌现，企业的商业模式也不断迭代，为企业注入新的活力与生机。在不可逆转的5G技术变革背景下，那些抱残守缺的企业终将会被淘汰，积极变革的企业将迎来发展机遇，成为新时代的行业佼佼者。

✧ 步入5G时代，打造发展新引擎

当下，几乎所有企业都在看向5G，有的企业先人一步，开始了5G变革；有的企业暗中观察，始终徘徊不定。但不管是先人一步的企业，还是暗中观察的企业，他们都密切关注着5G变革的影响力。

一方面，5G变革带动了各行各业的发展，比如大众所熟知的在线医

疗、远程教育和智慧城市等，既开辟出千亿乃至万亿级的蓝海市场，又为社会和用户提供了更优质的公共服务。另一方面，5G变革不断赋能相关产业，催生出众多新产品，为企业发展提供新思路，甚至还为市场开辟了新行业。

在第九届全球移动宽带论坛上，华为轮值董事长胡厚崑在演讲中提出了5G革命的五大变化。

第一，连接平台化。连接成为平台，而不只是管道。5G的到来，将使得无线接入网络，不仅仅是管道，而是一个泛在的平台。无人不享、无处不在、无所不联将成为现实。

第二，永远在线。实时在线成为缺省能力，而不是默认离线。通过平台化的连接，将在线常态化，实现缺省能力。当前大部分默认离线、并且互不连接的设备，将全面在线互联。

第三，全云化。智能无所不及，而不是稀缺资源。全在线成为现实，全云化变得水到渠成。这也将催生"Cloud+X"这一业务新模式，带来新机遇。

第四，重新定义终端。告别即插即用，走向即插即慧。基于云端、网络和终端芯片的无缝协同，终端将被重新定义，都将实时在线、自然交互、懂你所需、服务直达。

第五，连续性。告别碎片体验，实现体验连接无断点。全在线和全云化的实现，时间与空间的连续性不再是企业发展瓶颈，5G时代将真正实现全场景智慧化体验。

时代的变化，环境的骤变，模式的转变，这是任何事物都无法阻止的更迭和发展。当下企业可以做的便是直面变化，顺势而变。或许乍然兴起的5G变革让诸多企业都感到不安和恐慌，市场中层出不穷的发展理论更是让企业如坠云雾，不知所措。但在这片迷雾之中，企业想要突破迷雾，找对方向，就要去了解5G变革，进行5G变革，这关系着企业的未来走向。

◇ 提质增速，助力企业生产升级

随着全球化纤行业步入数字化转型时期，当前国内的化纤行业也面临着三大难题。

首先，4G网络传输无法满足车间设备所需端到端的低延迟、高稳定性和可靠性的标准；其次，化纤行业都面临着网络结构复杂，网络布线、运行和维护成本过高的问题；最后，企业的生产车间业务种类多样，其中超高清视频监控、机器视觉等视频类业务对网络要求极高，而4G网络难以满足要求。

面对着这些发展瓶颈，浙江省新凤鸣集团股份有限公司（以下简称"新凤鸣"）利用5G技术对企业生产车间应用系统进行更新，提升了生产车间的整体效率，推动了本行业的5G革命。

在监控方面，新凤鸣选用5G高清移动视频监控。生产车间的安全离不开摄像头监控的重要作用，新凤鸣的车间通过在移动IGV（即智慧性引导运输车）安装摄像头，实时监控生产作业情况，保障生产车间安全。此外，监控视频中的数据能够通过5G MEC（移动边缘计算）本地分流直接上传到新凤鸣的视频中心，在最大程度上避免了视频流出，保障了企业的数据安全。

在效率方面，新凤鸣利用5G网络保障车间IGV小车智能化运行调控，从而提升生产效率。在化纤行业，生产车间有大量丝饼需要运输，在4G网络下，车间WiFi信号不稳定，抗干扰性差，从而使IGV小车时常出现掉线情况，同时也限制了IGV小车的运输线路，导致运输速度慢、效率低。

在经历了5G革命之后，搭载着5G接收器的机器人可以迅速且精准将物品运输到指定位置，车间的生产监控和调度指挥等工作都可以在工厂的工业互联网平台完成。此外，5G 网络的低时延也减少了小车掉线率，帮助车间实现无人作业和智能化调度控制。

在检测方面，新凤鸣的核心产品是长丝，而长丝的制作极为精细，它是由几百根微米级别的细丝以每分钟 4000 米的下丝速度盘卷而成。在下丝过程中，一旦细丝飘离了既定轨道，飘落到其他轨道中，便会出现飘杂现象，使企业蒙受了巨大的损失。基于此，新凤鸣车间通过 5G 网络，利用巡检机器人和 8K 高清摄像头回传给 AI 算法识别，完全可以满足车间的飘丝和飘杂的检测需求，减少了企业在该方面的资金投入和损失。

在生产车间，新凤鸣通过 5G 网络部署成功实现企业的 5G 革命，将传统业务迁移到 5G 网络上，使企业的整体生产效率提升了两成。

为了改变生产车间所出现的难题，新凤鸣的战略决策是正确的，破除了车间发展的天花板，凭此确保了化纤行业巨头的地位，也为未来企业发展提供了有利借鉴。

◇ 创新革命，赋能企业发展活力

5G 革命是企业对自身发展的重新思考，是企业所要经历的过程。5G 革命对于企业而言绝不是某个单一方面的更新和改变企业现状，而是要从企业的发展大层面去思考。那么企业应如何进行 5G 革命，从而助力企业升级发展呢？

第一步，5G 革命需要创新思维。不论在哪个阶段，创新始终是企业最为重要的生命力，也是企业价值系统中最为关键的部分所在。从一定程度上来说，创新决定着企业的核心竞争力。

即使 5G 在国内已经正式商用，但很多人仍然错误地认为 5G 只是

第五章
在碰撞中再创巅峰

"4G+1G"的产物。究其原因便不难发现,这大多是因为思维限制了人们对 5G 的认知。5G 不仅仅是一次通信技术的简单升级,更是开启智联万物新时代的标志。

在过去,企业在发展中习惯了线性思维,它对企业来说就像是个"舒适圈"。但 5G 出现之后,线性思维已经无法帮助企业快速融入并适应 5G 时代,这便促使企业必须要走出线性思维这个"舒适圈",开始迈向水平思维。

在《牛津英文大辞典》中,水平思维的解释是"以非正统的方式或者显然地非逻辑的方式来寻求解决问题的办法"。换言之,水平思维便是要求企业从不同的方法和路径看待问题。在应用中,企业可以通过随机产生的想法、概念扩散的思维和叛逆的构思方式等实现企业的思维创新。

第二步,5G 革命需要产品创新。产品创新在企业的发展战略中起着至关重要的作用,企业在产品创新的过程中能够不断加强自身的应变能力,以应对快速发展变化的市场。因此,在 5G 革命中也必然少不了产品创新。

一方面,将产品进化成智能产品。在智联万物的时代,企业对产品进行创新时,既要尽可能将人工智能作为基础配置嵌入到产品中去,又要尽可能地使自身所生产的产品可以与其他企业或行业的产品进行连接,实现万物互联。

另一方面,让产品具备感知的能力。产品的感知能力包括产品的视觉感知、位置感知、速度感知和环境感知等。如今,在 5G 技术的不断推动和革新下,产品感知技术的不断升级,使产品与产品之间的联系更为紧密,双方交互能力不断增强,从而更快地对用户的指令做出反应。

但企业在实现这两方面之前,要确保产品是在线产品。在线产品既可以查询到它的位置信息,也可以查询到它的状态信息。位置信息和状态信息是实现产品连接到网络中与其他平台服务记性信息交换的基础，一旦产品不具备这两类信息，那么智能产品和产品的感知能力也只能成为空谈。

第三步，5G革命的商业模式创新。随着市场经济的日益发展，商业模式对企业的影响也越来越大。而5G革命对企业的商业模式来说意味着将会要面临新一轮的转型升级。

在定位细分市场方面，企业可以用过5G的大数据库对用户群体进行行为和偏好的分析，然后确定用户的精准画像，最终敲定细分市场的定位。

在构建差异化方面，企业必须要把用户的实际需求作为出发点，在确保满足用户需求之后，利用水平思维将5G技术融入产品中去，从而实现差异化。

在战略资产方面，企业则需构建数据资产，在构建时要遵循三大原则。一是价值性，每个企业本身都拥有属于自身的数据，这些数据在行业中具有很高的经济价值。所以企业可以优先考虑将这类数据作为首要选择。

二是开放性，企业在构建数据资产之前便要将其定位为开放性资源，是可以在行业中公开的，是可以和其他企业共享的。在5G时代，开放性和共享性资源可以帮助每个企业拥有更多的资源，少走弯路，从而增强企业的竞争力。

三是专业性，数据资源的整理绝不是一次性工作，它需要不断地更新和搜集，并定时进行删选。企业可以设置数据资产经营部门、数据交易部门等，对数据资产进行专业化管理。

在4G思维的桎梏下，企业很难跳出生产和发展的既定范围和思维，认为5G应承接4G的发展。但是5G革命打破了这种既定思维方式，赋予了企业新的生命力，为企业指引了未来发展的光明之路，使企业可以在最短的时间内顺应5G发展，助力企业发展前景，让企业立于不败之地。

第六章
踩准 5G 建设基点

当下,传统移动通信技术的速度、功耗、时延等特性被 5G 全面突破,由此也引起了产业界对 5G 的全新期待。5G 技术的发展、应用和建设将深度改变全球各产业的现状,改变人们的生活方式,并对全球经济的走势产生重大而深远的影响。

因此,国际社会与国内众多行业围绕 5G 展开了多种多样的竞争与争夺,让多个阶层聚焦在了 5G 商用落地上。在这种情况下,需要企业踩准 5G 建设基点,进行 5G 背景下的转型升级,用 5G 的方式进行深度赋能,充分满足消费升级时代的用户需求。当 5G 建设从概念转变成为现实的时候,智能时代也在一步步照进现实。

第六章
踩准5G建设基点

第一节 打造5G爆品，只为颠覆而生

2020年6月，第三届"绽放杯"5G应用征集大赛（以下简称第三届"绽放杯"大赛）在北京正式启动，其主题是"领航新基建，共创新时代"。此届大赛意在汇集社会各界力量，面向工业互联网、智慧生活、医疗健康、智慧金融、智慧商业、智慧传播、智慧交通等重点领域，发挥行业需求引领作用，挖掘一批充分利用5G技术进行创新的典型应用。

第三届"绽放杯"大赛加快了5G与新一代信息通信技术深度融合，促进了技术革新，进一步推动了5G应用生态的基础建设。同时，大赛也让一批融合了5G技术的新品逐渐问世，这些产品会随着5G技术的发展不断提升价值，为社会经济发展增添新动能。但，并非所有产品都能在5G时代占领市场，真正可以占领5G市场的是那些可以成为爆品的产品，爆品才能让企业在5G时代颠覆重生。5G尚在发展，大赛中哪些产品可以成为爆品尚未可知，但可知的是，企业要想踩准5G建设的基点，塑造颠覆之路，就需要以5G技术为基点打造价值型产品，拆解重生。

◇ 爆品思维，建立壁垒

2015年，小米在国内卖了近7000万部手机，占据的市场份额高达17%左右，这是小米手机的巅峰时刻。同年，服装品牌Supreme以一款充满20世纪70年代朋克精神拼接手法的服饰，引起了众多消费者的情感共鸣，进而登上年度十大热门品牌。2017年，OPPO手机用"拍照"功能撬动整个手机市场，在2017年手机市场销量排行榜上占据第三。同年，一款名为绝地求生的游戏火爆全网，据统计，2017年9月份同时在线人数达150万，2018年1月份同时在线人数高达320万，游戏更是售出了超过2000万份。

其实，无论在哪个时代，无论是创业公司还是行业领先的企业，几乎都在追求爆品，希望通过打造具有独特价值的产品形成壁垒，获得绝对利润。各行各业都在运用"爆品思维"，每年都会在众多产品中推出一件单品或一个系列产品，并将其进行全方位打造，意图塑造成爆品，引领市场风向。

5G时代已然降临，5G技术正在逐渐向各个领域渗透，这是一个拐点，企业想要颠覆重生就要牢牢把握住时代给予的机遇，在5G时代中脱颖而至。5G时代，企业发展的基点就是利用5G技术，研发5G应用，打造5G爆品。例如，华为、小米、苹果等推出5G手机；比亚迪搭载华为5G技术打造"网联版"智能驾驶辅助系统，推出比亚迪汉将车型；海信搭载全新的全时AI Table系统，推出一款社交类电视机S7。层出不穷的5G产品正在向市场进击，哪些产品可以成为爆品，尚在5G时代边缘的我们还未可知，但总会有一款产品突出重围，引领风向，在5G市场中掀起新浪潮。

一个可以引爆市场的产品除了能让企业获得巨额利润外，还能推广品

第六章
踩准5G建设基点

牌市场，提升企业品牌形象，打造品牌价值，这是企业打造爆品的核心点，也是企业价值倍增的支撑点。因此，打造爆品，尤其是在逐渐来临的5G时代打造爆品，是企业实现跨越式发展的重要因素，但其中的各种策略与技巧需要企业花费时间与精力去认真钻研，如此，企业才能在5G市场以爆品实现颠覆，创造价值。

◇ 爆品方法论

商场是一场没有硝烟的战争，在这场战争中取得胜利是极其不易之事，众多企业为了多存活一会儿都要绞尽脑汁，更何况一些想要逆风翻盘，颠覆重生的企业，在鏖战中更是运用各种战略。打造爆品是众多企业的利剑，然而，实际上很多企业并不知道打造一款爆品的真正方法，也谈不上拥有策划爆品的思维与战略，所以，在如今5G技术的发展下，如何利用这一技术打造5G爆品是值得众多企业思考的一件事。实际上，打造5G爆品，就要做到以下几点。

第一，在5G市场中找到自己独特的定位。

4G时代即将结束，5G时代的到来极可能会重塑市场。市场的重塑对于很多企业而言是机遇也是挑战。所谓机遇便在于5G技术将会冲击市场现有商业模式，从而导致某些企业在市场中的领导地位逐渐动摇，其他企业便有了弯道超车的机遇。而所谓挑战是指企业要想完成超越，就要踩准5G建设的基点，在市场格局被重塑之际以爆品迅速占领市场。企业要想在5G市场中打造爆品，就需要在市场中寻找到适合自己的独特定位，明确定位是制造爆品的前提，有了定位，才能以定位为基点打造与之相对应的产品，如此一来，产品在功能性方面就有了明确性，这是成为爆品最基本的因素。

第二，戳中消费者的痛点。

4G时代，支付宝、微信、滴滴等因4G网络的发展而不断优化和成熟的应用改变了人们的生活方式，也精准地戳中了消费者痛点，极大地满足了人们的需求，从而成为人们生活必备应用。5G已经成为国家战略的重要组成部分，随着5G技术的不断发展与普及，消费者的衣食住行等方面会随之发生变化，消费者也会因5G技术的发展而产生更全面的需求。企业打造5G爆品就要懂得戳中消费者的痛点，了解消费者的最新需求，以敏锐的嗅觉感知市场的变化趋势，从而在市场中引领风向，形成优势。

第三，在5G产品中打造差异化。

随着5G技术的不断发展，市场中会出现众多新产品，而随着5G的深入，5G市场份额会越来越小，雷同产品就会越来越多，因此，在不断细分的5G市场中打造5G爆品，就要形成差异化。如今，消费者愈发注重定制化产品，"差异性"是消费者对产品的要求之一。因此，企业就要从功能、外观、理念等方面打造与众不同的产品，在同类产品的围攻下突围，独树一帜。

第四，创造极致的产品。

产品是企业最核心的武器，是企业发展的基本。企业打造单品爆品，就要创造极致的产品，挖掘产品的核心价值，让消费者无论从包装还是从性能都能有良好的体验。5G市场中，会引发新一轮的竞争，能在当中站稳脚跟的必是那些品质上乘的极致产品。创造极致产品，企业要从源头保障品质，即从供应链严控标准。供应链直接关系着企业的发展，保证供应链条的品质标准，通过一流的供应链保障产品品质，最终为消费者提供极致产品，给消费者超乎寻常的感受，形成很好的消费体验，从而引发消费者依赖性与信任感。

第五，走出爆品的误区。

很多企业在打造爆品后会走入一个误区，即复制爆品。爆品能给消费者带来冲击性的体验，尤其是在 5G 市场中，依据 5G 技术形成的产品会为消费者带来新鲜感，产品一旦成为爆品，很多企业极可能为了后续利润而"复制爆品"，即打造与爆品类似的产品，这是一个误区。打造 5G 爆品，最主要的就是做到独特性，一旦出现复制，就会给消费者带来产品重复性的疲劳感，从而降低消费热情。因此，不对爆品进行复制，不仅打造爆品的企业需要谨记，市场中的其他企业也要避免，其他企业对市场中的爆品进行"搭便车"的行为更是一种自取灭亡之径。

4G 时代逐渐走到尾声，5G 时代正在开启，众多瞄准 5G 市场的企业正在一步步向市场靠拢，向用户接近，向 5G 商业模式与服务探索。在浩浩荡荡的大军中，企业要想奔赴至前，就要瞄准 5G 建设基点，颠覆传统，打造 5G 爆款，不断击中用户心理，以爆品思维点燃 5G 时代的激情与梦想。

第二节　建立 5G 平台，掌握价值趋势

当前，产业融合日益加快，随着 5G 的逐渐落地应用，协作平台的应用将更加广泛，企业对平台建设的投入与竞争也随之加大。在 5G 的高速率、低延迟组网模式下，高效商业活动流程、决策方式的应用场景，很快都会实现。对于新业务、新场景，5G 平台能提供的高速率计算力、模块功能扩展性和信息安全性提供了完美的技术支持。而反过来，场景的演进也会驱使 5G 技术的迭代更新，使 5G 平台的应用得到更快速的发展。

◆ 创新平台建设，赢得先发优势

当下，移动端几乎已成为在线交流互动的主体，并且多终端在线交流、协作日渐成为发展趋势，5G 平台正是满足这一趋势的技术方案。在 5G 智能媒体时代，由物联网的信息感知技术为基础的 5G 云平台、AI 平台，将极大提升海量用户信息的处理、判断和预测。围绕 5G 平台特点采取类似信息智能采集、广告智能生产制作、宣传产品智能分发等营销方式，会

极大提高产品销售针对性效率。并且在 5G 云平台的高度关联性、交互性下，企业内部及企业之间的沟通与协作也将提升效率及准确度。

集市最早出现在千年之前，这是人类社会历史上最初的平台模式。平台模式真正运用到我们的日常生活中，是以网络时代为节点的，此时，平台才真正得到突飞猛进的发展。平台模式加速了人与人之间的信息传递与价值传递。从最初的集市、拍卖等开始算起，人类社会以平台作为商业活动模式的历史已有几千年之久，但其发展缓慢一直未能成为社会经济的重要角色。直到进入网络时代，平台模式才得以爆发。平台模式的最大作用，在于其从根本上改变了人与人之间的价值传递模式和效率。传统商业模式下，供应商兼顾价值产品生产制造与产品价值传递，这种功能的叠加违背社会分工趋势，使企业背负较大的宣传成本，因此价值传递与宣传推广的独立渐渐成为商业发展的内在要求。

平台的出现，从根本上改变了企业与用户之间关于产品、服务的流通模式，从而使得价值传递速度得到快速提升。商业竞争中，任何一种商业模式与平台模式的竞争均是围绕产品、服务传递的效率而展开。

5G 技术的发展加快了信息传播效率的同时也降低了信息流通的成本，让云平台变得更加普及。因此，建立 5G 平台能够为用户提供产品与服务创造更多价值。即便没有中间商渠道，企业自身也能够将产品、服务传递给用户。此外，企业应以用户为导向，创造好的产品，为用户创造价值的同时掌握价值趋势，实现企业利益的不断增长。

建立 5G 平台，需要通过基础系统、管理系统和业务系统三个方面着手。

第一，基础系统平台是指企业将原有互联网基础设施整体转变或迁移到 5G 平台基础设施，主要是把计算、存储、网络、安全防护、办公桌面等资源池嵌入 5G 平台，包括办公系统、会议系统、安全系统、数据库等云端传输。

第二，管理系统指将企业办公、管理、服务等应用加入 5G 平台，快速提升企业数字化与网络化水平。

第三，业务系统指企业加快数据驱动，利用各种云技术发展企业 5G 平台，积极对接外部互联网平台。通过业务系统的建立，企业能够优化运营管理，推动商业模式的升级与创新。

企业要想根据发展现状、需求以及将来发展要求建设一个合适的 5G 平台，还需要考虑在平台功能布局上做出合理规划，确保既能满足业务稳定需求，又能满足多元个性化业务需求，并兼顾操作、维护简单方便，安全性高。

建立 5G 平台，可以使价值创造与价值实现有更为紧密、直观的联系。可以说，高效的价值传递功能是平台模式崛起的关键所在。因此利用平台优势，为企业带来利润，需要管理者在设计和创新平台模式时给予足够重视。

✧ 利用 5G 平台模式，推动企业转型

互联网对传统产业的渗透越来越彻底，促使传统企业面临进退两难的境地：坚持传统盈利难，转型更难。在万物互联的今天，所有行业都不能熟视无睹，唯有利用 5G 平台模式，才能推动企业转型与发展。而转型就意味着必须优先推动线上发展的同时兼顾线下渠道，谁先建设企业 5G 平台，谁就能占据一席之地。

5G 平台模式之所以效果显著，在于平台这一商业模式已显示出了良好的前景。一方面，平台建立了企业的联动反馈机制；另一方面，平台具有

网络外部性；除此之外，平台还可帮助企业实现规模收益递增。海尔、娃哈哈、苏宁等都是平台模式的成功企业。

海尔平台模式搭建为企业提供个性化产品、服务开启了先河。如今，家店普及，家电行业已经进入消费升级的新时代，从最早的功能式消费，到后来的品牌式消费，到了体验式、参与式消费。海尔专卖店先一步搭建了数字化营销平台，打通线上、线下、移动端多个渠道，为用户提供了一个全方位、全流程的消费体验，让用户随时通过任一渠道都可以参与进来，建立了一个可以和用户共同成长的品牌。

海尔创新实施的创业平台模式，将目光聚焦在如何将家店市场中的潜在需求转化为实际需求，以此为出发点寻找突破点，增加商业机会。

在O2O模式的联动下，海尔全线与顺逛、海尔商城、云仓、车小微、安装服务打通，建立经济开放生态平台，形成集合微商、电商、店商"三商融合"，通过微店传播功能、实体店营销优势以及电商物流优势，发挥出多元化优势。由此，用户能够得到极致的全方位消费体验。未来，5G技术的普及会将平台模式塑造为实现机会创造和机会捕捉这两个功能最为重要的信息支持平台。

苏宁是一家成功转型的企业。过去，苏宁是一家传统零售企业，而如今，已成功转型为互联网零售企业。利用平台模式，苏宁建立了一个面向消费者与生产商的开放平台，并通过此平台使得产品、资金与信息得到有效整合。苏宁成功转型带动了苏宁产业的全面发展，O2O融合彻底、销售情况增速势头良好、品牌商户成长快速、企业规模扩张速度加快。

海尔和苏宁的案例说明，平台模式带来了生产效率和用户需求满足效率的大幅提升。5G时代，平台模式借助5G技术将会产生更大的飞跃性变革，企业抓住5G平台的风口，需要建立基于5G技术的平台，接轨互联网，享受互联网平台的流量价值，制定一系列的平台模式下战略分析和产品定位。

对于中国消费市场来说，如今已经步入到调整期，跨界融合、产品与服务升级刻不容缓。从人们的日常生活不难看出，智慧社会即将到来。对于企业而言，顺应潮流，引入新理念与新技术，搭建新平台，从而开创全新商业模式才是企业的正确选择。

在跨进物联网和 5G 时代，全球经济形势变化莫测，企业发展遇到更多的机遇与挑战，各行各业都离不开"转型升级"这一战略选择，只有如此，企业竞争力才能够显现出来。

企业需在互联网"口碑为王"思维核心理念下，以用户思维进行 5G 平台的建设，迅速释放 5G 技术和信息化管理的巨大能量，将多年耕耘和积累、关键技术上的行业领先优势，发展为数字信息时代 5G 平台商业模式下的领先优势。只有顺应时代潮流、真正掌握行业高端前沿技术、了解用户需求，以最领先的产品、最优质的服务，与用户建立起深厚的联系，才能赢得市场，实现发展质量和效益的全面提升。

第三节 领先 5G 技术，建立竞争优势

5G 大幕将启，人们观察现象、思考问题的立场、方法会随着 5G 技术商业化应用的普及发生变化，进而产生新的认识。分析当前世界经济发展形势可知，消费对于供给的要求渐渐脱离了基础需求领域，企业谋求长远发展，应更加注重"生产"向"市场"的发展转变。5G 无疑为准确判断市场的主要趋势，抓住市场行情提供了契机。

企业亟待在 5G 基础上，转换经营思想方式，提升核心竞争力，随时准备应对新挑战。而放眼世界，能够在"满足消费基础需求"和"5G 应用"二者之间达成完美契合的企业几乎没有。因此，将具有划时代意义 5G 技术融入新时代核心竞争意识、核心竞争理念，是企业率先创造出不同以往新价值的发展方向。

◇ 启动数字"新基建"，建立智能数据中心

5G、云计算、大数据等新兴产业的快速发展，数据处理与存储正在

面临着严峻的挑战。而提供具有规模与可靠性、具有市场竞争力的互联网服务，离不开高效率、节能化的数据中心的支持。面对海量数据储存困难与交互需求快速变化的挑战，企业需要建立更加灵活、高效、节能的智能数据中心。对此，企业可以顺应"新基建"的时代要求，启动数字"新基建"，搭建起一个全新的智能化数据中心，为企业发展添加新动能。

近年来，我国的数据中心市场的投资规模不断扩大，移动、电信、联通等运营商搭建起众多数据中心，力求产业融合；此外，像万达、沙钢等传统企业也开始搭建数据中心。

沙钢股份此前计划分别斥资29亿元和229亿元，完成对核心业务均为数据中心资产的德利迅达与苏州卿峰两家公司的打包收购，以此进入数据中心行业。沙钢的此次战略调整，将沙钢的发展模式转为"特钢＋数据中心"，从而提升公司盈利能力，增强市场竞争力和抗风险能力。此次变革，推动了沙钢在全球范围内产业战略布局，拓展了沙钢发展新格局，为众多企业战略转型提供了全新思路。

联想也是以新型智能数据中心建设为转型切入点的商业巨头之一。为实现技术与场景融合，推动企业精细化发展，联想新型智能数据中心应运而生。其"新"主要体现在数据中心与终端设备互相协同配合的"云边协同"的能力上，而这正是企业计算力在未来的主要形态。联想作为智能化转型的先行者，为给客户提供更精准、更全面、更完善的服务，以智能数据中心为基础，在政府、金融、零售、教育、通信等行业广泛应用人工智能、区块链、云、大数据、边缘计算、5G等技术，推动企业商业模式的转型升级与竞争力的提升。

5G商用的提速汇聚海量用户信息，催化了商业领域对设备端数据进行处理的数据中心的强烈需求，特别是在工业互联网、车联网等领域。而各自现有的数据中心，无法及时处理现有数据，安全性也有待提升。同时各类 5G 场景应用都要依托于数据中心实现承载，来实现终端和 5G 网络的互相协同配合。在未来的智能世界，需要借助智能数据中心对云端和终端数据的处理整合，才能保证智能应用以最佳的方式落地，为企业的智能化转型按下加速键。

◇ 5G 科技领先，重在以人为本

具有人性化的科技将赋予科技产品新的价值观，而 5G 商业模式的未来形态，正是凝练了人与人性化科技产品高度和谐统一的生活理想。科技的发展，意义在它服务于人，解放了人类的身体、思想，使人类能够从复杂烦琐的劳动中解放出来，获取更多的幸福感与轻松感。5G 时代，人对科技的需求越来越多元化，对科技的依赖也必将日渐加深，因此在日益激烈的市场竞争中，各大公司的核心竞争力之一便是借助科技赋予产品良好的用户体验，这已是科技人性化的内在属性和要求。

一位专栏作家曾如此描述苹果公司创始人："乔布斯最大的贡献就是让科技以人为本。"苹果公司对人性有着深刻的体察，iPhone 手机的问世，让触控行业有了里程碑式的发展。在此之前，一部移动电话至少拥有 10 至 20 个按键，而苹果以三四个键的设计取而代之，由触控屏幕完成的操作高达百分之九十，赋予使用者极富新鲜感与科技感，简单的操作与简约时尚的外形让手机变得更加受欢迎。

此外，它还有一大亮点——Siri 功能，Siri 功能本身是一种依托于语音听力交互的人工智能软件，尤其对于残障人士有很大的辅助功能。对于听力受损的用户，也可以通过文本的形式与 Siri 交流，增加了人机互动的效率。苹果手机一经推出，迅速引发消费者热烈追捧，颠覆了旧的市场格局，促进了人类生活方式的改变，也开启了主流操控界面触屏化时代。苹果产品的人性化设计十分细微，对于一些特殊人士来说，一丁点儿的产品设计变化都能让他们的生活方便百倍。随着科技进步而产生的这些体现出人文关怀的产品，在给生产商带来更多的经济利益的同时，也能够让世界变得更加和谐。

最体现科技的人本精神的应数智慧医疗。2020年，新冠疫情的爆发给我国医疗应急处理能力与医疗信息处理能力提出了全新思考。医疗数据共享与医疗体系的进一步完善成为当务之急。

国内第一个5G ICU（重症加强护理病房）诞生于浙江大学医学院附属第二医院，打破了常规ICU病房每个病人由2名以上医护人员看护，不定时监查监测仪器的体征数据的通常模式。5G ICU是通过融合全景视频技术等对患者进行全天候监测，实时传输体征数据，大幅提升医护人员对患者数据的监查效率。5G ICU的摄像头可以依托5G+人工智能算法，通过人脸扫描识别来解读分析患者的面部表情，从而推测患者的意图并合成机器语音表达。ICU的5G智能技术应用不仅让救治质量得以提高，更赋予了危重患者人文关爱。

近年来，滴滴出行在国内外大小出行平台中脱颖而出，坐稳了行业领域的头把交椅，2020年疫情之前已经实现规模化盈利。2020年11月，滴滴旗下的青桔在成都举行"未见之见"骑行主题巡展，展示了共享单车"5G NB-lot技术运用"等最新技术。青桔借助大数据的深度研发，预测用户短途出行需求，诊断城市道路交通运营问题，从而对点位和车辆实行智能调控。此外，青桔建立了大数据系统后台，每辆青桔单车上都配备车辆定位系统，后台系统能够根据路面情况，对单车进行动态监测、及时干预车辆动向。对于共享电动车，青桔开发了"守夜人系统"——碰撞识别系统,系统能够实时监控用户的骑行数据并作出有效判断。当用户出现异常情况时,客服会在第一时间联系用户,沟通确认以保障用户的骑行安全。

科技与人必须和谐交融么?是的。任重道远,更是大势所趋。很多时候,消费者并不关心科技本身,而是有了它之后,生活能变得比现在好多少。5G科技所附带的舒适的观感体验,普惠的个性服务,无不显示了人性化才是增强科技的第一力量。正如恩格斯所说:"社会一旦有技术上的需要,这种需要就会比十所大学更能把科学推向前进。"在以人为本的模式下实现将5G先进技术转化为人文科技的企业,才能牢牢把握领先的优势,具备行业深耕和长远发展的条件。

✧ 建立5G竞争优势,网络安保先行

数字时代的网络安全威胁所带来的后果和影响远远超过传统网络,因此,打造5G技术的领先优势,网络安全无疑应被摆在首位。

5G技术的广泛应用正在一步步地改变着大众的生活,但是在各行业迎来风口的同时,网络安全的挑战也不期而至。2020年全国两会期间,众多安全行业的专家多次提出——数字基建就是"新基建",安全是发展"新基建"的重中之重,应加强"安全基建"建设,让数字基建的每一块砖,从建立之初都安全可溯源。

过去,传统思维的互联网安全认知较为单一,认为互联网安全"没有消息就是好消息",安全理念以"被动防御"为主。产业发展进入5G数字时代,企业需要扭转为这个观念:安全是企业发展的生命线,更是企业能否高度发展的关键性因素。

应对5G时代的安全挑战,企业需要构建快速、智能、适应性、持续、异构和规模化的全新安全体系。腾讯公司副总裁丁珂曾表示:"腾讯安全是

网络安全的先行者,我们见证和亲历了中国互联网产业的发展,从 PC 互联网到移动互联网,再到产业互联网的发展演进,这个过程中信息安全本身也在发生重大变化。"腾讯创建的 5G 安全能力建设前瞻模型 DEPAZ 为 5G 时代产业互联网发展编织了一层防护网。

腾讯构建的全新安全体系——5G 安全能力建设前瞻模型 DEPAZ,包含纵深防御、嵌入式、持续性、自动化、零信任 5 个部分。纵深防御——各层级复杂 IT 设施均在安全防护范围;嵌入式——普遍采用边缘计算、云技术等的嵌入式安全和自适应架构;持续性——持续验证访问控制策略及持续的监控响应;自动化——从各个角度全面提升智能安全防护;零信任——为 5G 提供无边界安全防护。通过全方位调整、实施、监控和管理,为 5G 技术应用提供更好的智能化安全保障。

5G 正在加速发展,数字化浪潮将更深刻、更彻底地颠覆传统安全防护模式,如何应对数字化安全风险是摆在整个安全行业面前的新挑战,腾讯这样的互联网巨头已凭借研发 DEPAZ 模型在其中起到了带头作用。

未来,类似腾讯安全的专业安全领域服务企业将释放产业互联网的连接和技术能力,企业在探索新应用、新内容和新场景的同时加大合作建设,才能让 5G 正向发展,为企业创造更大的价值。

在 5G 技术带动下,产业互联网步入了高速发展期。5G 时代下的技术领先,企业不仅应当关注实体搭建过程中建立标准化流程、研发关键技术,更应注重数据的集约化、效益化,科技发展的人文内涵,数字安全风险和安全问题等多个维度,从企业长远发展的顶层设计着手,打造行业领先的核心基础,提升 5G 技术硬实力,在竞争中占据更多主动权。

第四节 赋能 5G 品牌，提升输出价值

在 5G 的大环境下，信息爆炸逐渐演变为碎片化信息泛滥，受众注意力被极度分散，无特点的品牌形象越来越被湮没于广告浪潮之中，因此，只有清晰的品牌形象才能将自身品牌与其他品牌明显区分开来，简而言之就是深化品牌经营。

深度推进 5G 品牌经营，以全新品牌拓展 5G 市场，需要塑造鲜明的、与众不同的品牌定位，凸显自身受青睐与关注的差异点，此外，做好 5G 品牌还得确定产品核心场景，用好 5G 语言，并以满足用户需求和提升用户体验为出发点，打造 5G 品牌的独有价值，赋予 5G 品牌文化内涵才能将品牌印刻到人们心中。

◇ 定位核心场景，凸显品牌差异化

广告在 5G 的加成下，表现形式将发生巨大的变化，未来可能会产生更加眼花缭乱的广告形式。5G 所带来的万物互联，使广告在传统传播媒介之外多了很多新型媒介场景，这无疑会加剧媒介场景的碎片化，更需要

品牌在争夺存量市场上花费心思。也就是说5G在市场中渠道、形式越多，意味着广告效率越低，对于品牌方而言，5G时代产生营销效果的关键，是如何在有限舞台上最大化给人留下深刻印象。

5G时代万物互联之后，用户的使用场景迅速扩张，品牌亟待匹配到最抓"用户心"的营销场景。以洗衣机为例，其可能会在未来成为智能终端，当洗衣粉剩余不足时会对用户进行提醒，甚至可以在你路过便利店时通过手机App提醒你买洗衣粉，从而减轻用户时刻惦记购买洗衣粉形成的焦虑。

这意味着，洗衣粉品牌找到了"洗衣机"或者"手机提醒App"这么一个高转化的场景媒介，其他大部分的营销场景将退化为无效营销，从而削减在其他平台的广告投入，使之处于次要位置。这就是看似未来营销场景变多了，但品牌方仍需要抓住核心场景进行精准营销的原因。

5G推动AR、VR、实景广告、高互动性广告进一步发展，这一过程会形成高昂的广告制作成本。5G时代的品牌营销可能让小品牌面临更严峻的形势：有充足预算的大品牌有能力制作更加高端的5G广告，而小微品牌只能依附于普通广告类型，与大品牌竞争的机会愈加渺茫。这也说明，由于精准场景媒介的稀缺，加上与其他生活类产品，如洗发水、洗洁精等营销因脱离传统广告媒介纷纷选择各自专业化营销场景而形成的隔离，使同类品牌的竞争变得更加激烈。

精准场景媒介的稀缺性，无形中增大了强势品牌的营销壁垒。因此，对于财力有限的中小企业而言，以独特新颖的广告创意作为凸显品牌差异的策略才是促使其发展成长的重要手段。企业通过对某个差异点创意的精雕细琢，使这些接地气又创意十足的营销内容成为消费者和品牌拉近距离的途径，进而成为促使其购买的直接动力。

对于品牌方而言，未来5G时代，用户注意力越来越分散，想要打动

第六章
踩准5G建设基点

用户也就越来越难，因此营销成本也会越来越高，甚至形成更严峻的营销挑战。从长远视角来说，5G的发展也使得一些品牌形成了行业风口，企业要勇于打破传统的"闭门造车"思维，对异业融合、跨界合作有长远的筹谋和颠覆性的想象。对于品牌差异化的凸显，企业可以采取各界人士，甚至是科技型企业进行跨界科技合作，进行品牌转型升级，打造标志化印象符号，使品牌概念与核心场景在产业链上形成联动。

因此，打造5G时代的品牌，首先要确定产品的核心应用场景，其次围绕产品打造独特新颖的广告创意，以此奠定品牌进一步塑造的基础。

✧ 用好5G时代新语言，打造产品的高光时刻

品牌的营销随着时代的发展不断变化，尤其是在网络普及之后，有了质的飞跃。2G使品牌营销开始了短信方式的大众营销，3G推动了移动互联网营销的开始，到了4G阶段，短视频营销成为时代主流。今天，5G商用，商业数字化已然成为发展方向，企业应学会用5G"新语言"，用好5G技术，打造产品的高光时刻。

随着5G技术的推进，短视频的发展将有更深一步的变革，未来，短视频将借助5G这一"新语言"，加速信息传播效率，助推商业化变革，引发产品新营销模式。在PC端、移动端等传统广告媒介终端，长视频、短视频、高清直播已经成为品牌营销标配。5G时代，因传输效率大幅提升，视频营销的交互式体验革新将使品牌推广与品牌广告质量得到提升。借助VR、AR等智能设备，品牌营销也会迎来其高光时刻，使用户能突破视听想象新空间，获得身临其境的体验。

比如，在网店浏览、购物时，通过虚拟试衣技术体验试穿效果，甚至能够感知到衣服的材质与触感。对于品牌营销来讲，赢得用户的关键是让

一个产品贴近用户。实体店之所以能够经营长久，是因为他们的产品能够让用户直接感受，直接试穿，相比于看得见摸不着，用户更喜欢能够亲身体验到的产品。VR、AR技术在5G技术的加持下，产品能够让用户得到与实体店相同的体验，从而提升产品印象。

在国内，我们不难发现电视剧中的广告已经与剧情融入地十分和谐。以天猫为例，2020年4月，天猫与华为、OPPO、vivo、小米、三星等品牌推出以5G为主题的天猫超级品类日。此次天猫的亮点在于，5G主题和互动剧营销的结合十分恰当，将科技融入生活当中，进一步推动了营销方式的升级。在广告的呈现当中，用户只要互动，就可触发剧情，在交互中加深品牌印象。此外，在互动剧中植入"带货"方面的渠道，能够运用互动剧的交互性实现"剧售合一"。

5G时代已经到来，营销热潮已是呼之欲出。对于企业而言，5G营销是一次值得尝试的机会，制造"5G营销爆款"抢滩市场，树立标杆，才能够抓住5G时代的先头红利。

✧ 回应用户需求，走精准化营销

设想一个广告行业的未来场景：5G时代，数字广告牌前，某个驻足行人观赏属于他的广告。通过实时5G科技手段对行人行为信息进行数据收集和口味预测，让广告随着时间的变化、用户的变化随时变换。甚至对同一顾客，能够像随身听变换歌曲一样，广告动态的变化只需要几秒钟，就能找到符合面前用户心境的广告。

5G凭借高速率、低延时、大容量等优势，使用户和其所触及的设备实现更及时、更高速的数据连接，为品牌搜集到更为立体准确的数据。加上AI技术的助力，筛选信息、处理数据都变得非常容易。一方面，品牌对

第六章
踩准 5G 建设基点

收集到的数据进行激活与分析，从而获取真实有效的用户信息；另一方面，品牌通过完整的数据信息，预测用户潜在需求，从而进行具有针对性的营销，使品牌对特定受众人群的适用性渗透应用所有营销形式中。

5G 生态中的营销，除了具有精准信息触达的优势，还具有精准化服务的超高水平。品牌重点应放在信息触达与交互、为用户提供定制化与个性化的服务上。举个例子，餐饮品牌在面对一个点餐的顾客，顾客浏览菜单的过程就是其最真实的反馈，通过以往消费记录，为其定制专属菜单。

未来营销的发展方向是以内容、场景与数据为核心，多种营销元素相融合、创新的营销时代，品牌策略的中心将更加趋向于用户需求，特别是一体化服务。

近年来，一大波直营品牌（DTC）成为消费领域异军突起的新生力量。这完全得益于基于消费者数据，快速更迭产品的运营模式。DTC 对用户数据的收集与整理十分注重，这就让 DTC 品牌在做产品革新与创新时有了更全面的参考，在全面的用户数据下，其有效缩短了产品周期，并能满足消费者"求新"需求，实现新品即爆品。品牌与用户之间的通道不断完善升级，使得 DTC 品牌热度不断，成为消费者心目中的优秀品牌，而后，让消费者的反馈意见促进再生产的技术改进、营销方式等环节。

如此重视回应用户需求的核心目的，是从顾客需求出发，降低销售、运营成本，实现产品新、价格惠、服务优、体验好等多维度一体化优势。

5G 带来终端设备的大量涌入，用户的人物特点画像与消费行为习惯会变得更加清晰。5G 不仅能够打破数据孤岛，全面评估用户的关系网，三维立体的精准描绘用户画像，帮助品牌实时建立完整而立体的用户信息数据库，预测用户行为需求；还能帮助企业建立销售层级，筛选意向用户，反馈用户关注点，使品牌精准到达目标用户，以此为 5G 品牌打造核心价值。

第七章
构建企业生态闭环

5G犹如一股热浪,在经济界、产业界掀起了一阵不小的波澜。放眼市场,那些正被热捧和关注的企业,正时刻上演着颠覆、融合和创新的进化戏码。但这场戏码中,有人黯然离场,有人逆势掘金,重压之下,5G的未来走向,成为所有人关注的焦点。

5G商业元年亦是转折之年,在探索与创新中,企业要及时构建画布,在市场博弈中占得一席之地;在嵌入盈利点和加强效益链的环节中,以有序的节奏稳扎稳打,最终实现企业在5G时代中的流量变现。如此,企业才能成为这场5G变革中的最终赢家。

第七章

第七章
构建企业生态闭环

第一节　构建商业画布图，实现单点突破

5G时代大幕的开启，意味着十万亿级的产业成为新的竞技场。在今后相当长的一段时间内，如何有技巧地游刃于复杂多变的市场博弈之中，将成为考验各企业的最大挑战。

市场博弈，九死一生。想要在强敌林立的市场中开辟出生路，企业需构建5G商业画布，在单点突破的帮助下俘获更多的用户。

◇ 寻找生机，极简切入

5G时代，企业在市场中所走的每一步都是摸着石头过河，这条河有多远，水有多深，河底有多少危险，最后抵达的终点在哪，这些都是未知数。当所有企业都是在这种未知的境况下摸索、前行时，一些企业往往会迷路，构建错误的画布图，做出错误的决定，最终导致企业的崩盘。

在5G时代，错误的画布图和商业决定，往往直接表现出企业找不到用户，卖不掉产品，赚不到利润。此时，企业首要做的便是停下来，重新

梳理自己的商业逻辑，检测自身是否选择了正确的导航，然后选择最简单有效的方法快速回归到正确的发展轨道上。

为什么很多企业都会陷入困局之中呢？在3G和4G时代，企业总是希望可以多点并行，广撒网、多敛鱼。但实际上，多点并行的方式有时会让企业陷入更大的困境之中。

一方面，多点并行需要更多的资金成本，资金链的隐藏风险会更大；另一方面，一个企业的资源往往是有限的，多点发展会将本就不多的资源分流到其他地方，反而增加了企业发展的不稳定性。

基于此，身处5G时代的很多企业选择了一种新的发展方式——单点突破，这些企业在进行单点突破前，都会先构建出5G商业画布图。5G商业画布图是由用户细分、价值定位、用户获取渠道、用户关系、收益流、核心资源、催生价值的核心活动、重要合伙人和成本架构等九方面组成，其中每一个方面都有着无数种可能性和替代方案，也因此形成了多样化的5G市场。

而企业要根据自身的发展规划和价值主张，在这九方面的多种选择中构建出最佳的5G商业画布图。构建完成之后，找准方向，以一个具体、清晰的点为切入点，然后将企业的精力和资源都调配到这个单点上，这便是单点突破。单点突破的目标，是帮助企业扔掉"累赘"，加速企业的核心环节，从而让企业轻装简行，高效发展，顺势以单点带体系，扩大企业知名度。

单点突破，单点是因，突破是果。身处5G时代，市场越发复杂，对手越发强大，但企业资源却始终有限。此时，企业的最佳选择就是不断聚焦，找准单点，集中优势，单点打多点，达到势如破竹的效果。

单点突破，单点既要方向，更要成长。单点突破的方向必然是符合企业价值主张的，因为价值主张决定着企业应该为用户提供什么样的服务和产品，这也是企业战略选择后的结果。确定方向后，单点也要随着企业的发展而不断变化成长。

5G时代瞬息万变，企业也需要向外延伸发展。所以，单点的成长是必然的，也是单点突破的重中之重。如果企业始终只围绕一个单点，那就是自取灭亡。单点的成长是持续而深入的过程，不断刷新单点，加大单点挖掘，延伸单点上的产品。

如今，细分行业层出不穷。企业要基于5G商业场景图，快速锁定单点，突破5G行业局限，降低企业发展风险，这是单点突破最大的意义所在。

✧ 场景升级，构建智能生态

全球最具权威的IT研究与顾问咨询公司Gartner预测，到2021年，全球互联网设备数量将达到280亿台。如今，5G时代来临，物联网与AI的崛起将势不可挡。

商汤科技联合创始人、研究院院长王晓刚曾提到，AI与5G的结合将推动更多的AI计算从终端走向边缘和云端，形成跨设备、跨场景的"云—边—端"的紧密协同，让智能感知无处不在，推动人机交互变革、利用人工智能激发内容创作新模式。AI和5G相辅相成，AI将催生创新的5G应用，5G也会成为AI发展迈向新阶段的基础。

5G的到来，必然会引起新一轮的行业颠覆。其中，智能家居再一次受到各界的高度关注。智能家居行业的相关政策最早可追溯到2012年2月，工业和信息化部印发《物联网"十二五发展规划"》中提到了智能家居的行动目标。

随后，智能家居产品品类如雨后春笋纷纷冒出，市场规模始终保持稳定增长。但经过近十年发展，智能家居行业至今仍举步维艰，其中最为主要的一个原因便是网络的限制。但5G的到来，再一次激活了智能家居的发展。

5G下对信息的反应速度更快。在4G网络下，信息传播速度较慢，设备之间的信息交换会出现传输延迟等问题。

此外，4G的网络信号往往会受到家庭中的空间布局和地理位置等原因的影响，无法满足智能家具对网络的高要求。而5G的超高传输速率、极低延迟和超密集站点等特点恰好解决了4G的痛点。

一方面，5G的峰值速度高达10GB/s，与4G相比快数百倍；另一方面，5G可以承载更多的设备连接，可同时连接100万个终端，提高了设备的响应速度和精度，让用户体验到流畅的使用感受。

5G将连接不同品牌的智能家居。当智能家居这片蓝海出现的时候，不论是行业巨头，还是行业新锐，都顺势推出各种智能家居产品，试图以速度和比例占得更多的市场份额。但用户在使用过程中会发现，大部分企业注重自身各类产品的对接，而忽略了与其他品牌产品的对接问题，降低了用户的使用感受。

而在5G时代，这种困局开始被打破。即使是不同品牌的产品也可以进行快速的数据沟通与交流，让客厅、卧室和厨房等不同场景下的智能设备都更加灵活、智能。

5G让智能安防更高清。智能家居市场中发展得较为成熟的领域便是智能安防，其中智能门锁、智能猫眼、智能摄像头等产品都受到了广大用户的青睐。但因为受制于4G网络和技术，比如智能摄像头画质效果差，传输到手机上有所延迟，用户无法同步掌握监控内情况。但5G的出现，不仅解决了原本存在的这些问题，还实现了更为高清的监控数据和移动监控，使智能安防更为高效可靠。

如今，企业间围绕智能家居产业的争夺越发激烈，而想要在这场争夺中脱颖而出，就必须将5G智能化的应用作为单点，从而进行突围。5G智能化的应用既体现在极速传输上，也体现在各设备之间的交换中。

✧ 单点突破，以少胜多

我国经济增长结构在5G的推动下发生着根本性转变，消费升级和用户体验需求的变化推动着5G应用落地。而5G应用的落地带来了生产力和效率的提高，从而使更多商业模式和应用场景得到了优化提升。

单点突破在5G背景下，可以更高效地为企业匹配消费升级的需求，进一步增强企业的竞争力和综合实力。那么，企业需要如何实现单点突破呢？

首先，用户精准是单点突破的前提。没有精准的用户群体，需求分析便是无本之木；缺少切实的需求分析，产品设计便是向壁虚构；脱离用户的产品设计，企业成长便是纸上谈兵。在5G时代，企业想在茫茫人海中抢占更多的用户，就需要细分用户群体，精准定位用户。

过去，互联网企业通常是通过地域标签和流量两个维度来进行用户定位，但5G的出现则让企业将范围扩大到门户网站、搜索引擎、垂直社会和社交网络等多层面、深层次的渠道，然后通过多元标签和用户画像来进行用户精准定位。

人们的消费行为本身受其阶层、年龄和观念的影响，现处于数字化发展阶段的企业，可以先根据用户静态、动态数据收集基本数据，对用户基本情况进行分析；然后根据用户的情感标签吸引用户，绘制出用户画像；

最后按需设计产品，战略定位精准用户。

其次，寻找需求是单点突破的起点。在过去，诸多企业将产品研发方向定格在"刚需、痛点、高频"上，认为这样的产品才更容易赢得利润，获得用户认同。在 5G 时代下，消费升级意味着用户不是简单地追求产品功能，而是对品质、产品想象力和场景等方面的全面追求，更多消费者的购买方向从刚需产品逐渐转向非刚需产品。实际上，用户的非刚需需求往往是被构建出来的。

构建非刚需需求的前提是企业已对用户进行了精准定位，才可以帮助企业实现获客速度快、口碑传播强、粉丝黏性高等优势。在此前提下通过提高频次和制造诱因来唤醒非刚需需求。

提高频次是构建过程中的核心手段，这需要企业高频率地向用户输入产品信息，从而加深用户的印象。但提高频次绝不意味着时时刻刻都在向用户灌输信息，这样只会适得其反，企业要根据用户的网上动态数据进行及时、精准地推送，从而唤醒需求。

需要注意的是，非刚需产品决不可违背商业发展的自然规律，企业也不能创造伪需求。企业始终要立足于人类行为的基本动机进行非刚需产品研发，观察用户的行为，倾听用户的声音。

最后，团队组建是单点突破的助力。不管在哪个阶段，企业的成长始终都离不开团队。组建团队可以帮助企业突破认知边界。在 5G 时代，人们掌握着越来越多的信息和数据，一个人的能力、精力和时间始终是有限的，而组建团队之后，企业可以将人才优势发挥到极致，强化团队成员的主观能动性，从而更好地把握住发展机遇。

团队成员首先要具备专业素养，成员可以能力互补。企业的选人要立足于两个维度：一是行业维度，注重成员的专业能力和专业经验；二是角色维度，侧重成员的能力能否胜任该岗位。

鉴别完两个维度之后，企业要对团队成员进行人数控制。很多企业都认为团队人数越多越好，可以集思广益，但实际上，一些小规模团队往往发挥得更出色，工作质量也会更高，"小而精"已逐渐成为团队组建的主流。

360公司创始人周鸿祎说："你有强大的对手，你又不具备强大对手的资源。资源有限的时候，你一定要单点突破，不能面面俱到。"在5G时代，单点突破的商业化应用有了更深度的价值。单点突破帮助企业在更为繁复多样的市场选择中，让企业找到了市场着力点，实现了从0到1的突破。

第二节　嵌入企业盈利点，实现商业闭环

5G时代到来，技术、颠覆、创新、融合等一系列关键词清晰地勾画出当下市场的复杂和多变。在这未知的变数中，各行各业都面临着增长乏力的困境，此时盈利点的嵌入，成为企业快速适应新时代的关键。

5G时代已然到来，企业的盈利点也必然要从传统的思维当中跳脱出来。无论是哪个行业的企业，在进行盈利点嵌入的时候，无须囿于现有的模式，而是要结合发展趋势，进行创新，以探索新时代的发展之路。

✧ 借助模式，实现盈利

在5G这个新时代，社会生产力的大幅度提高，科技水平的迅猛发展触痛了企业的发展神经，让企业在面对巨大机遇的同时，也直面着巨大的危机。在此背景下，企业应该重新审视盈利模式和盈利点。

随着生产技术的不断升级，企业的盈利模式和盈利点也在不断地丰富发展。诸多企业都会从这五种模式来嵌入盈利点，实现盈利。

第一种，关系质量模式。关系质量模式主要是从用户的角度进行研究，具体表现为企业为用户提供各种服务之后，用户对企业及其服务的信任感和满意度。该模式是影响用户是否会长期回购的重要因素。

在过去，随着企业不断涌入各个行业，产品同质化现象越发严重。面对这一危机，企业也逐渐从产品优势转向服务优势。而在5G时代，通过5G技术的开发，企业既可以为用户提供更为优质的体验，还可以为用户提供极致的使用价值。

第二种，个性挖掘模式。当同质化产品越来越多，用户的消费方式从功能消费型转向价值消费型，在此背景下，企业所能提供的附加价值成为吸引用户的重要因素之一。

在此模式下，企业要注重挖掘用户的潜在需求，并预测该需求的市场规模，确定该需求是否可以为企业提供长足的发展动力。当上述条件均被满足后，企业便要以最快的速度建立品牌壁垒、竞争壁垒或技术壁垒等，从而占据更多的市场份额。在5G的推动下，企业需要不断探索新产品，并将其与5G技术相融合，培育企业发展新动能。

第三种，速度领先模式。始终保持比竞争对手更快的速度对用户需求做出反应，以速度获取第一批用户，从而实现盈利，这便是速度领先模式。在市场中，一个企业的创新速度高于其他企业，那便意味着它可以保持先行者的优势，获得更多的利润。

速度领先模式的关键在于企业是否具备良好的市场"嗅觉"，是否可以在第一时间捕捉到用户的未来需求。但需要注意的是，速度领先模式必然是在产品质量合格、市场需求合理等基础上，而不是一味追求速度和更新频率，否则只能适得其反。而在5G时代，速度领先模式具备两层含义，一是既要实现产品研发速度的领先，二是又要兼顾产品之间的信息传播和

第七章
构建企业生态闭环

交互速度。

第四种，成本占优模式。企业通过对产业价值链的整合，在管理、生产和资源的过程中压缩成本，提高生产率。在低成本优势的基础上，企业既为用户提供了良好服务，又更好地实现了自身的盈利。

不管是在4G时代还是5G时代，成本占优模式始终是一种非常有效的战略选择，也是众多企业首要选择的主要盈利模式。但成本占优往往是基于规模优势，如此才能降低盈亏平衡点。而规模优势便是一个企业生产的产品越多，之后该企业便可以更好地生产商品。简言之，当企业达到了一定的规模优势，便能拥有成本优势。但与4G相比，5G时代的成本占优模式更具智能化，比如大数据与人工智能的使用，使成本得以最佳化。

第五种，中转站模式。过去，随着互联网的急速发展，企业与企业、企业与用户之间的交易行为频繁发生，但因为两者存在着沟通与信息不对称等问题，导致其交易成本偏高。这一情况的出现催生了高附加值企业。高附加值企业为企业和用户搭建交易平台，即使交易双方的成本降低，也让双方的物资流、资金流和信息流达到高效、快速的运转。

5G时代，对中转站模式的企业来说，交易平台参与的主体越多，也就意味着该平台越有使用价值。平台交易量与企业运行和交易成本是成反比的，也就是平台交易量越多，企业的运行成本和交易成本便持续降低，从而实现由规模占优转为成本占优，最终帮助企业实现盈利，带来利润。

盈利模式也许不会过时，但它却绝对需要注入新的灵魂。5G的商业化为企业发展注入了新的灵魂，同时也对企业的进一步发展产生了强大的推动作用。可以说，5G的商业化不是企业发展的终点，而是起点。企业需从盈利点切入，挖掘5G技术的价值，发挥5G优势，这样才能实现企业的持续发展，在激烈的市场竞争中立于不败之地。

◇ 借力 5G，持续盈利

在工业 4.0 的时代背景下，企业的商业模式和盈利模式都受到一定程度的影响，那些过时的发展体系和发展思维逐渐被遗弃。积极适应 5G 时代的商业变化，紧抓 5G 技术所带来的发展机遇，已经成为诸多企业的选择。

如今，伴随着 5G 在我国商用服务的开启，企业应将 5G 技术逐步应用于盈利模式和盈利点中，赋能企业的数字化转型。在应用的过程中，企业要注意到 5G 时代的盈利点，必然是与 5G 技术和 5G 盈利模式的深度融合。

第一，将识别功能作为 5G 时代的盈利点，以速度领先模式取胜。近年来，随着互联网的发展，识别功能渗透到生活的方方面面。在 4G 时代，用户在商店结账的时候，从使用现金，到出示会员卡，再进化到出示手机应用软件中的二维码，最终完成识别。

而 5G 时代的到来，赋予了识别功能更智能、更高级的内核。日本航空公司在 2019 年 3 月开展了 5G 应用下的"无须触摸搭乘门闸"实验。日本航空在登机口门闸的上方安装了 5G 天线，其所发出的 5G 电波对乘客所持有的存有登机牌信息的手机或平板电脑进行扫描，扫描通过之后，乘客即便没有按下按钮，车门也会自动打开，实现了乘客的"双手解放"。

除此之外，5G 的识别功能还体现在商店购物过程中。亚马逊推出了 Amazon Go 无人零售店。在 Amazon Go 购物，用户在进店门闸处用 Amazon Go 应用软件扫描二维码，将所购买的商品都放入包里之后便可离店，无须人工结账。因为 Amazon Go 会通过店内多部摄像机捕捉用户在店内移动的连续动作，在用户结束购物之后，会从用户在亚马逊注册的信用卡扣除购物费用。

第七章 构建企业生态闭环

在5G时代，识别已经不再局限于手机的脸部识别或二维码识别，而是通过5G技术的扫描为用户提供一种全新的、更为快速、便捷的购物体验。所以，企业在选择未来的5G盈利点时，应顺应发展潮流，预测未来5G技术的商业应用，为用户提供更智能、更高级的识别功能。

第二，以场景植入作为5G时代的盈利点，以关系质量模式取胜。随着5G经济的深入发展，越来越多的企业意识到场景的重要性。企业想要在移动端吸引用户、留住用户，增强用户的粘性，就必须先为用户构建出一个场景，在潜移默化中影响用户。

比如，5G技术与VR技术的结合，为广大用户提供了极具真实性的场景。在这两者的深度结合下，"云旅游"再次出现在人们的视野中。在线旅游等相关企业如携程、飞猪、马蜂窝等纷纷更新服务，为用户提供了更为优质的"云旅游"服务。

2020年上半年，国内至少20个城市、1000多家景区开通了线上浏览服务。国内用户通过"5G+VR"的直播，用手机便云游了国内各大景点。其中，甘肃省"世界第一古梨园"的"5G+VR"直播，前期预热及现场直播观看量累计超过1300万人次；岳阳楼景区利用5G在线直播，带100多万名游客"登上"了岳阳楼。各大企业的"云旅游"场景式体验让用户获得了体验感、真实感，也在一定程度上提高了用户对企业的黏性。

5G的场景植入绝不只限于与VR的结合，"5G+8K""5G+AI"等技术均为用户提供了体验感更好的场景植入服务。所以，企业要将场景植入与产品或营销广告结合，吸引并留住更多的用户，最终实现企业的盈利。

第三，以产品升级作为5G时代的盈利点，以个性挖掘模式取胜。当企业一旦处于竞争激烈的红海市场时，想要绝地反击，就需要以产品的升级创新取胜。

随着我国城市化进程的加快，解决交通拥堵和乘客等车时间过长等问题已迫在眉睫。而"5G+智能公交"的出现解决了这一系列的痛点问题。在过去，乘客可以在 App 上获取车辆行驶信息，但因为 4G 技术的限制，乘客所获得信息往往会出现传输延迟情况。但在"5G+云计算"的联合下，乘客可以在相关 App 上获取更为准确的车辆行驶信息，在一定程度上减少了乘客的等待时间；在 5G 高传播特点下，还实现了车与车、车与路之间的实时信息交互，快速传输彼此之间的位置、速度、路线，避免了交通拥堵；此外，5G 可根据路段的运载能力和实时路况智能安排车辆的行驶路线，同时支持智能交通管理，降低相关成本。

在 5G 时代，很多企业的产品与 5G，或许看似并没有直接的关系，但当跳出桎梏，站在 5G 时代的角度重新审视便会发现新的发展契机。就像公交车与 5G 的合作，公交车需要路线安排，从而减少堵车、提升乘客体验，降低管理成本。通过两者之间的联动，充分利用 5G 技术，为乘客提供了升级服务，用更低的成本衍变出最大的商业价值。

在大潮奔涌的 5G 时代，企业身处大浪淘沙的阶段，它们的命运高低起伏。企业发展急剧变化，向上攀升或是向下坠落。企业的盈利点绝不只是迎合市场、追求风口，而是需要通过对自身的认知，找到适合自己并行之有效的盈利模式，如此才能实现企业的商业闭环。

第三节 加强闭环产业链,推动双向融合

5G时代已经来临,企业若想呼啸而起,创造奇迹,就要善于取势,甚至是勇于造势,只有这样才能在茫茫商海中博得一线生机和希望,成为行业的下一个"弄潮儿"。那么,在更为广阔的5G时代中,企业又要如何顺势,又要如何取势呢?

企业在每个阶段的发展,主要不是依靠产品的数量产出,而是通过创新链不断升级和突破带来的生产力的爆发;或是通过产业链的持续优化和完善实现竞争力的飞跃。不管是创新链还是产业链,都给市场、行业以及企业带来了全新的可能性。

✧ 让产业链和创新链相连

如今,5G技术的出现加快推动了传统产业的转型升级,闭环产业链的进化以及产业链、创新链的双向融合,撬动了企业上下游的产业环节,释放了市场活力的乘数效应。

在5G技术的推动下，企业创新链与产业链有了更广范围、更深层次的含义。创新链是创意想法到产品产出整个过程的链状结构，企业围绕一个核心，通过知识创新、技术创新的手段实现该核心的转化和增值效应，主要是由要素整合、研发创造、商业化和社会效用化四个环节组成，各个环节环环相扣，最终到达满足市场需求的目的。

产业链主要包含价值链、企业链、供需链和空间链四个维度。在4G时代，企业的产业链主要呈现出两个明显特点：纵向延伸产业链，使其不断拉长、细分和开放；横向深化分工和拓展协作，稳固产业链，使每一个节点实现价值最大化，从而提高市场占有率。

当5G时代加速向我们走来时，产业链也因此发生了改变。5G渗透到产业链中的每一个维度中，有效满足了不同维度在5G时代的发展需求，让产业链的潜能得到充分发挥。

一是价值链拓宽企业发展边界。5G将"AI+物联网"转变为智联网，如今的产业链不再是一条单链，而是多链。在价值链维度上，5G也为企业拓宽了边界。4G互联网时代，企业的价值链多依靠平台，流程的线上化自然是其发展的重要特点。而如今，5G时代的价值链则更偏向于高维度的数字化。与线上化相比，数字化更具逻辑性，所以，企业正不断提升智能化和开放化，将数字化进程由下游转向上游，带动价值链的数字化变革，促进企业价值链的双向流动。

二是企业链保障企业资源安全。企业链连接着多个企业，该链条上的各个企业之间进行物质资金交流，实现增值的共赢效果，同时还通过资金的相互流通加强联系。可以说，企业链是企业生命体和生态系统的中间层次。如今，5G为企业链上的企业提供了点对点的数据传输方式，大大缩短了传输与处理时间；通过数据加密保护与验证，让企业之间的资源和数据

第七章
构建企业生态闭环

传输更具安全性和可靠性。

三是供需链提升企业效率。在供需链维度上,5G实现AI与物联网无缝结合,将云端能力虚拟化下沉至终端,激活并加强终端的灵活性,最终实现产品从设计、生产到物流、输出全链条的智能升级及效率提升。正如中国工程院院士邬贺铨分析所说,在工业互联网领域,5G、云计算、区块链、物联网关联起来,可以实现软件即服务平台上的软件流程自动调整,生产效率至少可以提升25%。

四是空间链推进企业智能化。在空间链维度上,主要围绕产业链条的区域分布问题。通过5G本身的超大宽带、低时延和海量链接的特性,加强企业各个区域之间的对接,提升企业的聚集经济效益。同时,企业可以通过5G移动网络的远程操控,监控和重新调整资源的使用。通过自我优化、精简生产步骤,让企业加快向智能化迈进的步伐。

在4G时代,创新链与产业链是共同发展,相互促进的,而在5G时代,两者有了更深层次的融合。当两者在进行深度的双向融合时,又会产生怎样的化学反应呢?

❖ 双向融合,助推发展

2019年9月4日,工信部发布《工业大数据发展指导意见(征求意见稿)》(以下简称《意见》)。《意见》中提到,推动工业大数据传输交互,推动5G、NB-IoT等技术在工业场景中的应用。此外,《意见》基本原则中还提到坚持推动创新链、产业链双向融合,以推动关键共性技术创新为突破口,打造健全的大数据软硬件产品体系,培育完整的产业生态,引领大数据产业发展壮大。

在5G到来之前,创新链与产业链一同助力企业发展,各司其职。但在5G元年，创新链与产业链的双向融合第一次被正式提出，恰好为处于迷茫中的企业明确了道路，指明了方向。在国家政策的支持下，产业链和创新链的深度融合更有利于优化企业资源配置、促进产业的协同发展、整合产、学、研力量，最终起到相互促进的作用。

一方面，创新链依托产业链。创新既要弥补企业的发展短板，也要帮助企业适度超前，先人一步。当创新链与产业链相融合，在放大产业各个环节价值的同时，还拓宽和延伸了产业链条，帮助企业开辟新的业态，发现新的细分市场。

另一方面，产业链拉动创新链。随着产业结构升级、技术革命步伐加快，企业若想仅依靠自身能力来实现创新链和产业链的整体运作，可以说是异想天开。在当下，企业要采取产业链拉动创新链的发展逻辑，实现创新链与产业链的深度融合，增强自身的核心竞争力，实现创新链的商业化和产业链的高附加值。

在创新链与产业链的双向融合中，创新链驱动产业链不断升级发展，直至衍生出新的产业链。而创新链在产业链的推动下，加强了企业的自主创新能力，进而增强市场竞争力。

创新与产品生产。企业要以产品创新为出发点，既把握创新的共性，又掌握创新的个性。对企业而言，无论哪个阶段，生产理论、同类产品和核心技术开发等都是创新的主要方向，也是创新的共性所在。但企业需要注意的是，创新绝不仅仅是产品在包装、技术和材料上的变化，而是在顺应时代发展的同时，还要扣准用户的需求点。

所以，创新与产品生产的融合要注意两点：一是要让产品具备独特性，注重产品的技术研发和个性化特征，从而实现两者的点对点融合；二是要比对同类产品的共性，从而有针对性地解决企业和产品发展的共性难

第七章
构建企业生态闭环

题,最终实现两者的点对面融合。

创新与文化。企业的创新是技术的创新,但也不只是技术的创新。在发展过程中,文化与技术一样,都对企业起到了至关重要的作用。创新和文化的融合看重的是企业核心价值观的创新,以及5G时代中精神内涵的创新,进而培养和促进员工的自主创新意识,为企业创新提供强大的精神和文化动力。

此外,文化的创新还包括物质形态方面的创新,比如企业机制和管理制度的调整与创新,通过建立企业的创新制度,完善内部管理和运行机制,调动企业内部积极性,充分发挥创新驱动作用。

创新与管理。企业管理一般分为两个层面:管理理论和管理方法。所以,当创新与管理融合在一起时,便要同时对这两者进行创新。在管理理论方面,企业要及时引进新的管理理论和模式,提升管理理论的全面化,管理模式的精细化,强化对垂直行业的洞察力和驾驭商业模式变化的能力。

管理方法的创新则是在新管理理论的引导下,学习优秀管理模式并活学活用,借助5G技术升级自身的管理方法,同时还需及时摒弃影响和阻碍企业发展的管理方向和机制,这样才能在不断变化和发展的5G时代中形成有效的竞争。

创新与组织。从创新与组织的相互关系来看,通过并行式创新和系统集成式网络创新两种方式进行创新与组织的融合。并行式创新是指创新想法的产生与产品生产全过程并行,侧重的是企业各部门之间的高效合作;而系统集成式网络创新则注重多个创新主体的系统集成网络链接的过程,既是各个创新主体间的紧密沟通,也是创新主体之间的职能交叉。

创新链和产业链的双向融合,推动企业在各个方面不断加大投入和储备,帮助企业迈上更有效率、可持续的5G发展道路。

◇ 精准对接，实现双向融合

从我国产业发展实践来看，创新链与产业链融合的带动作用对企业和行业有着不容小觑的影响，在 5G 时代风向标的引导下，企业要如何实现创新链与产业链的融合呢？

首先，完善产业链的生态系统。在 5G 时代，5G 的开发和用途对于各个企业来说是生死攸关的重大问题。所以，企业在完善产业链生态系统的过程中，必然要将 5G 技术融入其中。

在完善过程中，企业要以"补链、强链、延链"为重点，提升产业链中的技术创新能力，加强企业的核心竞争力。此外，企业需利用通信、AI、智能终端和 App 应用等技术手段，实现公司内部决策模式和商业模式的革新，对产业链的构成节点和产业融合载体的分布情况进行合理、精准地规划。通过 5G 的数字化管理，加快创新向产业链上下游的集聚，从而发现上下游的缺失或漏洞，再有针对性地进行攻关，对产业链的关键核心技术进行完善。

其次，实现创新链与产业链的精准对接。在 5G 时代，创新链与产业链的对接必然会借助 5G。所以，企业要分三步走来完成双链的对接。第一步，建立以成果转化为导向的科技立项与评估系统，在 5G 海量数据收集的同时，辅以智能分析工具，对企业研发或衍生的项目和产品进行深层次的市场调查和用户追踪，及时掌握市场动态和用户反馈。第二步，搭建企业和创新载体的对接平台，重点服务于企业的创新发展和成果，以创新优势推进企业发展。第三步，运用 5G 技术加强对新科技、颠覆性技术的开发，激活企业创新链的源动力，推动创新链条向产业链迈进。

最后，优化企业双向融合的环境。发挥企业的制度优势，运用双向融

第七章
构建企业生态闭环

合的四大路径优化创新企业内部的创新资源布局，提高产业链资源的集聚能力，加快落实企业创新成果转化为奖励的制度。企业还需建立柔性化的人才管理制度，激活技术员工的创新力。同时，大力引进拥有丰富经验的复合型人才，并建立针对性的评估制度。

5G大幕刚缓缓开启，企业或许沉浸在新时代到来的兴奋中，或许沉溺在未知变化的恐惧中。但，越是在这样的情况下，企业越要跟随国家政策，顺应时代潮流，选择一个有良好发展前景的方向。

在4G固有思维的桎梏下，企业很容易将产业链和创新链圈定在既有的范围内，认为它们仍应保持过去的样子。但是，创新链和产业链双向融合的出现打破了这种刻板印象，赋予了企业新的生命力，指明了企业5G技术新的发展方向，让企业以最快的速度适应5G时代的巨大变化，让企业立于不败之地。

第四节　提高流量变现率，缩短闭环周期

2020年的到来，众多行业都在为5G时代的流量变现感到迷茫与不安。在资本寒冬的冲击下，传统行业首当其冲，迸发了大规模的倒闭潮。随后，这股寒风吹到了互联网企业，流量危机迅速蔓延至互联网企业。

5G时代的流量匮乏俨然使企业陷入困局。当企业一旦面对流量匮乏，一系列企业发展瓶颈也接踵而至。比如流量获取成本越来越高、流量红利快速萎缩、品牌增长持续乏力等。这在5G时代，将会成为企业被淘汰的重要原因之一。

✧ 5G时代下的流量

5G市场是否已经成熟？5G时代的流量是否还有价值？5G网络是否拥有强大的流量变现能力？这些问题让身处其中的企业茫然无措。当前，企业是否具有变革的发展思维、能否为用户提供个性化服务，能否在确保流量增长的同时具备可持续发展的能力，将是决定未来5G成功与否的钥匙。

今天，用户已经从文图阅读的阶段迈进了视频阅读的阶段，过去的中心化早已被瓦解，变成了无数个独立的点散落在各处，这些点便是自媒体。在4G时代，大批企业实现了空前发展，因为4G解决了3G无法实现的流量丰沛，用提速降费的方式走进了千家万户，滴滴、高德等应用软件的使用也变得快捷、方便、高效。

在4G时代，企业重视流量和变现率。为了获取更多流量，企业通常用钱买流量，或者通过向其他社交软件借流量。在这样的行业背景下，越来越多的企业投入到这场"花钱""借流量"的争夺赛中。然而，在持续不断的争夺中，4G时代的流量红利已经透支，5G时代的流量匮乏已现端倪。

5G时代的到来，更是让自媒体以惊人的爆发式速度发展。在5G的推动下，自媒体的垂直度越来越高，实现了"全像素式"的传播，加快自媒体自我更新和迭代的步伐。而在爆发式速度发展的背后，却是流量匮乏、难以盈利的局面。

第一，5G时代的流量难以挖掘。产品很好，但却始终难以在市场中溅起水花，也很难被用户看到，即使企业不停地做广告投放，成单率却始终难以提升。这种困境怕是很多企业都经历过的。

在5G技术的加持下，自媒体的发展速度虽快，但不可否认，自媒体、视频网站甚至是App的流量都显露出下滑趋势。一方面是因为互联网总用户数已趋于稳定。2020年4月28日，中国互联网络信息中心发布《第46次中国互联网络发展状况统计报告》，其中显示，截至2020年6月，我国网民规模为9.40亿，互联网普及率达67.0%，较2020年3月提升2.5个百分点；手机网民规模为9.32亿，网民中使用手机上网的比例为99.2%，较2020年3月基本持平。由此可见，市场份额已经挖掘殆尽，互联网流量增速势必会放缓。

第七章
构建企业生态闭环

另一方面是企业的竞争个体成倍增长。当一个企业在蓝海中获得了利润和成功之后，随后就会有无数的企业纷纷跳入其中，希望可以从中分取到一杯羹。当跳进来的企业越来越多，这片蓝海也就变成了红海，企业的市场生存环境便开始变得恶劣。就像是手机中的App，手机所能安装的App是有限的，而且很少有人在手机中安装两款同质化的App。所以，竞争个体的增多必然会导致企业所能获得的流量减少。

第二，5G时代的流量价格上涨。今天，互联网流量增速放缓导致流量成为稀缺资源，流量价格也因此一路飙升。不管是线上平台，还是线下渠道，各种渠道的流量价值每间隔一段时间就会上涨一部分。流量价格的持续性上涨，让企业的获客成本从原本的几十元飙升至几千元，甚至是上万元。与暴涨的流量价格形成鲜明对比的是流量带来的成交数变少。

除了流量增速放缓之外，巨头企业的流量占据了大部分市场份额，BAT（即百度、阿里巴巴、腾讯）与TMD（即今日头条、美团、滴滴）更是垄断着市场，导致其余的大部分企业都只能通过支付巨额的流量费用的方式，来获取流量以图盈利。

第三，5G时代的流量陷阱。流量难以挖掘、价格持续上涨的问题让企业陷入瓶颈。在供需关系不对称的情况下，假流量也成为牟取暴利的方式之一。宝洁首席品牌官毕瑞哲曾在一次发表演讲中，明确说道："我们的媒介供应链充满了黑暗和欺诈。我们需要清理它，并将我们节省下来的时间和金钱投入到更好的广告中，以推动销售的增长。"

而5G元年的开启，诸多企业为寻求生机，开始了流量创新。但企业仍然在先谈流量、再谈价钱，这导致了刷流量、买粉丝这一"伪市场"的出现。企业就此陷入困境：虽然支付了流量费用并得到了自己期望的流量数，但成交数和盈利额却始终不见起伏。

173

由此可见，5G时代的流量已经成为一个不稳定因素，但同时，5G技术却正以某种颠覆的姿态而来。流量和5G技术发生碰撞之后，将会给企业带来不一样的破局方式。

◇ 先提升流量价值，再提高流量变现率

企业如何在5G时代打破流量壁垒，如何在5G技术下获取流量，如何在5G应用中实现流量变现，这些是企业在发展过程中需要持续探索的问题，也终将会在探索中得到答案。

不管是4G时代，还是5G时代，流量变现的第一步都是先获取流量。但与4G时代获取流量、实现变现这一流程不同的是，5G时代在获取流量之后，便没有立即进行变现，而是通过深度发掘、储存等方式，形成企业流量池，从中获取源源不断的流量。5G时代的流量变现率需要建立"两步走"战略。

第一步，先做到高效运行，再做到内容革新。企业可以借助5G所提供的便捷支撑做管理，可以依托于管理软件，对员工、用户、财务和进销存等多方面进行高效管理；企业还可以根据5G技术，依托自媒体、小程序、App等进行新型营销，通过数字化转型和可视化发展，让流量成为真正可实现企业盈利的途径。

5G技术不仅支持语言，更支持视觉交互，给用户带来了极多的场景以及互动，5G网络的高速率意味着视频和页面加载的速度更快，同时也就意味着传统的平面广告已经不再完全适用。4G网络所加载一张图片的时间，5G网络也许能加载出一个VR视频，速度的改变也必然会让内容的呈现方式有了新的改变。

当平面广告既传递消息，又提供画面的时候，也就意味着传统平面视

第七章
构建企业生态闭环

觉逐渐向动态视觉过渡。动态视觉在一定程度上弥补了平面视觉的不足，给予用户更大的视觉冲击，加强了互动性，从而吸引更多用户流量，最终将用户流量进行变现。

第二步，先追求品效合一，再实现画像精准。什么是品效合一？品效合一就是企业在进行营销的时候，同时注重品牌和效果。在 5G 时代，品牌仍是最能获得用户的标志之一，是企业重要的流量来源之一。用户首先通过各个渠道认识、了解品牌，然后进行关注，成为粉丝，从而使企业获得源源不断的流量。虽然在前期看来，建立一个品牌的投入成本较高，但品牌有着长时效的影响力。此外，企业还可以通过忠实粉丝的自发式宣传，在拥有免费流量的同时，达到裂变营销的效果。

在追求品效合一的同时，企业还要做到画像精准。随着 5G 应用场景的不断增多与大数据的广泛使用，用户的购物偏爱将会被大数据有效识别。然后企业根据大数据所识别出的用户偏爱进行数据标签，从而分析用户需求，得出用户画像和消费规律。根据自身用户群体的偏爱，企业可以定制营销方案，从而实现更为精准的广告推动与投放，并通过视觉动态与用户产生良性互动。

当企业对用户群体的画像分析越精准，为企业带来的引流就越多，其变现率也会提升。企业要善于运用 5G 的 DMP（即数据管理平台），将分散在互联网的众多数据进行整理并统一收纳进技术平台，同时对这些数据进行标准化和细分。此外，DMP 还可以实现对不同用户的追踪，帮助企业对不同的消费者进行智能信息推送，最大限度地吸引消费者，提升广告流量的变现率。

如今，万物都以互联网 5G 时代为主，现在的流量和营销生态都已发生巨大改变，流量的变现也将会迎来新一轮的革新。在此时，企业应该与时俱进，这样才可以实现新价值的增长，占据市场高位。

现如今，5G市场变化莫测，给企业带来了各种新问题和新挑战。此时，企业可以思考如何运用闭环来解决问题，通过嵌入盈利点、构建画布图、促进双向融合和提高流量变现率这四步进行商业模式的梳理、设计和组织，最终满足市场需要，得到用户的认可。

第八章
引爆未来商业模式

对 5G 时代的企业来说，也许不久后的自己也将会成为下一个淘汰者，企业的兴衰沉浮总是相似的。正如欧洲历史学家奥古斯特·孔德所言："知识不是预见，但预见是知识的一部分。"也许，前人的失败不会一次次重演，但我们必须知道，今日所犯下的错误，必能在过去中找到痕迹。

当企业迈进 5G 时代，意味着将面临众多不可知的挑战。身处这乱花迷眼的新时代，商业模式会仍然按照它的逻辑自然生长。在新与旧之间，在速生与速灭之中，始终有一个坚定稳固的内核——5G 商业，它历经了市场的考验，指引着企业稳健发展。

第八章
引得末商業雇人

第八章
引爆未来商业模式

第一节　5G 时代的商业核心要求

伴随着 5G 浪潮的席卷，十万亿级的产业大幕已然拉开。这划时代的改变，向所有人呈现出一个完全未知的局面。对于未知，向往和质疑必然是同时存在的，一边是勇往直前披荆斩棘，一边是徘徊犹豫顾虑重重。就在这彷徨中，有的企业借势而上，有的企业每况愈下。

不可否认，这是一个充满了变数的时代，每一次变化都会为企业带来巨大商机。不管 5G 如何在市场中搅动风云，加快 5G 商业步伐是企业在当下发展的关键，而 5G 商业步伐的加快离不开企业对 5G 商业核心要求的掌握。

◇ 走在前沿，强势入局

2020 年 3 月，艾瑞咨询与金山云联合发布《2020 年中国智能物联网（AIoT）白皮书》，预计 2025 年我国物联网连接数近 200 亿个，万物唤醒、海量连接将推动各行各业走上智能道路。

回看历史，20世纪80年代开启了1G，在短短的三十年内，我们便走完了1G、2G、3G、4G，在2019年正式拉开了5G的序幕。在这短短的三十年时间里，我们经历了从模拟时代到PC互联时代，再到移动互联网时代的进化。每一次连接的进化都是社会发展的一次飞跃，给人们生活带来颠覆性改变。而当下，我们已迈向智能物联网时代，这次，社会发展与生活又将会发生怎样的改变呢？

2017年，"AI+IoT=AIOT"出现在大众视野，并迅速成为物联网的热议话题和行业热词。智能物联网AIOT是人工智能AI与物联网IoT在实际应用中的落地融合。IoT的终极目标是实现万物互联，但曾经的IoT只是物物联网，而非真正具有智能化特性的万物互联。

IoT是底层连接和数据传输的载体，通过各种信息传感器和装置等设备，实时采集所需信息，实现物与物、物与人的泛在连接。但最初的IoT布局是偏散的，而AI的强势加入，使IoT更具聚合力，能够发挥出更大的价值。AI通过对历史数据和实时数据的深度分析和学习，精准判断出用户习惯和喜好。

AI与IoT相辅相成，一方面，IoT为AI提供了海量数据，IoT的场景化互联也助力AI快速落地；另一方面，AI反哺IoT，AI将所接收到的海量数据进行分析、决策，然后转化为价值，从而使IoT设备的使用更为简单，并提高效率。

而5G的入局，搭建了一个可靠的大连接、低时延的高效通道。5G将IoT提升至人工智能阶段，体现IoT的深度价值；同时，5G还增强了AI与IoT的黏性，产生了落地效应，也拓宽了AIOT的应用领域。

也正因如此，"5G+AI+IoT"是5G发展的重要方向，更是5G商业的核心要求。在"5G+AI+IoT"的强强联合下，行业的三大趋势开始浮出水面。

第一,对便携式智能终端产品的高要求。手机、平板是最常见的便携式智能终端产品,同时也是人们平时沟通和娱乐的主要工具。如今,在5G网络的要求下,手机、平板的性能需要有进一步提高,其中,超高清的画质显示和便携性成为产品创新的主要任务。

第二,AR、VR及其他智能穿戴产品的需要爆发。在4G时代,AR、VR及其他智能穿戴产品就已然兴起,但限于当时4G技术的局限性,这些产品并没有在当时引爆用户需求。今天,在借助了5G的超低延时和高速传输特性,这类虚拟现实产品的沉浸式体验有了飞跃式的提升,这必然也会带来一波产品需求的大爆发。

第三,实现车联网跨越式发展。AI的不断进步,自动驾驶技术在走向成熟的同时或逐渐成为主流。在5G技术的支撑下,自动驾驶车辆可以更为精准地识别红绿灯、周边车辆行人以及道路两侧设备等,驾驶者无须紧盯路况,他们可以有更多的时间和精力与车内的产品进行互动,为原本枯燥乏味的路程增添乐趣。

所以,"5G+AI+IoT"是物联网产业生态发展的必然选择。伴随着5G正式商用,万物互联正当时。5G的正式商用就像是按下了启动键,各行各业都闻风而动,加快融合创新,预见未来市场,赢得行业先机。

✧ 万物感知,万物智能

2019年,"5G商业元年"在众人的期盼下缓缓登场。而"5G+AI+IoT"的出现不仅影响了通信行业,更是对全产业变革有着不可忽视的作用。在对未来发展机遇的追求之路上,任何企业都应永不止步。

如今,5G赋能AIOT,开启万物互联的智能时代。在"5G+AI+IoT"的落地应用中,华为可以说是一马当先。早在3G时代,华为便已经开始布局 5G 技术。在多年的技术攻坚和巨大的研发投入下，华为成为推动全球 5G 技术研发和普及过程中一股重要力量，加速推动了 5G 网络技术落地应用，成为通信行业中无法替代的强劲存在。

其实，华为在早期的战略层面便意识到 5G 应用的前景。一方面，华为作为全球通信第一巨头，是全球 5G 标准的重要制定者之一，所以华为对 5G 的未来应用有着前瞻性认知；另一方面，华为是极为重视技术预研的科技公司，它所拥有 18 万员工中，其中 8 万员工都是研发人员，此外，在 2010~2020 年这十年间，华为已累计投入超过 6000 亿元的研发费用。也正因如此，华为在 5G 技术方面具备强大优势。

华为云 IoT 领域总经理李树森曾表示，随着 5G 和 AI 的发展，物联网正进入 AIoT 新时代，华为 IoT 战略升级为培育万物互联的黑土地，使能行业数字化。

在华为对 IoT 规划中，推出"1+8+N"战略架构蓝图。其中，"1"代表的是手机，这是核心；"8"代表的是 PC、平板、智慧屏、印象、眼睛、手机、车机和耳机；"N"代表的则是智能家居、运动健康、智慧出行和智慧办公等五大场景模式。

对华为而言，"1+8+N"不是单纯的加法，而是以 IoT 之名所进行的融合。2019 年 9 月，华为发布了智慧屏产品，这款产品主打智慧交互中心、跨屏体验中心、IoT 控制中心和影音娱乐中心等核心卖点。除了智慧屏产品的核心卖点之外，该类产品还它支持 AI 慧眼、Huawei Share 智慧跨屏功能，可以被看作是 5G 时代背景下音视频产品进入新形态的代表作品之一。

此外，华为还陆续推出 FreeBuds 3 无线耳机产品；与 GENTLE MONSTER 联合打造的 HUAWEI Eyewear 智能眼镜；全球首款双低音 HiFi 智能音箱 Sound X；搭载自研 WI-FI 6+ 技术的华为路由 AX3 系列和华为

5G CPE Pro 2 等，这些产品基于 5G 高速率，通过 IoT 的万物感知、万物互联和万物智能，最终打造无缝 AI 生活体验。

正如华为技术有限公司高级副总裁余承东所说，2014 年至 2015 年为生存而战，2016 至 2017 年为崛起而战，走过有故事、充满奋斗激情的 2018 崛起元年，华为已驶入持续高速发展的快车道。新的一年机遇将和困难一样大，登上 5G、AI 人工智能、IoT 等新技术引领的万物互联舞台，为全球消费者提供最极致的全场景智能生活体验，华为的决心与勇气没有什么能阻挡。

而除了华为，小米在"5G+AI+IoT"的布局也助力小米不断稳健发展。小米在 2019 年便正式启动"手机 +AIoT"双引擎战略。因为 AIoT 是指非手机的其他智能设备，所以小米在 AIoT 的设想中，手机将被单独拿出来，将其变成 AIoT 中的"T"。现如今，在 5G 的加持下，小米可以连入更多的设备，涉及车载、可穿戴设备，甚至各类工业、农业等场景，进一步促进了万物互联的能力。小米还表示，在未来五年将在 AIoT 领域持续投入 100 亿元。

在 5G、AI 等技术的加持下，各行各业都迎来了新的发展机遇，8K、AR、VR、全息投影、自动驾驶、智能家居等一系列新兴业务应运而生。

✧ 产业联动，合作共赢

在第三次产业革命中，电子计算机与互联网登上了历史舞台，产业结构因此在世界范围内发生了巨大改变，众多企业如雨后春笋般纷纷涌现出来。今天，以人工智能、虚拟现实等为技术突破的第四次产业革命已经到来。在第四次产业革命中，"5G+AI+IoT"也将会引发新的一轮产业变革与技术革新。

一方面，"5G+AI+IoT"赋能制造业，降低成本。对5G来说，智能制造是5G可以翱翔的天空。众所周知，制造业需要大量的自动化设备、检测设备、存储设备和物流系统等，而"5G+AI"可以帮助企业实现柔性制造，既提升了生产线的灵活部署能力，还可以提供弹性化的网络部署方式。

伴随着"5G+AI+IoT"走入制造业，企业可以在一定间隔的地方安装IoT设备，对工厂温度、湿度以及周围环境情况实时进行全面监控。这样可以让企业在第一时间发现异常，减少损失，并提高生产效率。

另一方面，"5G+AI+IoT"赋能新业态，革新技术。5G正式商用，AI也开始赋能通信行业，IoT目前已成熟落地，在此契机下，拓宽了企业的业务范围，行业新业态纷纷受益。

以医疗护理行业为例，医疗人员可以通过App或可穿戴设备收集病人的健康行为数据，在AI技术的运用下，对病人进行全场景数据追踪和分析，从而对病人的健康行为指数进行较为精准的评定，判断病人的健康情况。

在"5G+AI+IoT"的帮助下，医疗人员可以将病人的真实诉求和场景相结合，为其制定游戏化的健康任务和个性化的健康计划，从而规范病人的日常行为。这样，医疗人员既为病人提供更为全面且贴心的服务，也能够提高健康管理效率。

"5G+AI+IoT"将会引领下一轮产业变革，这是毋庸置疑的事实。因此，不少企业纷纷调整发展战略，与"5G+AI+IoT"对接。在5G这个当下最优质的土壤中，5G赋能技术，技术服务企业，企业要抓住时代机遇，预见行业动向，借助"5G+AI+IoT"实现进化，实现高速发展。

第二节 5G 时代重塑商业化模式

1994 年，中国与国际互联网实现了完全对接，迎来了一个崭新的时代。二十多年后的今天，互联网已经完全融入中国，人们在工作方式、消费习惯等方面也发生了巨大的改变，企业更是基于互联网衍生出了新的商业逻辑与商业模式。

在新一轮的科技革命和 5G 时代浪潮之中，各种商业模式将被重新塑造、被时代和技术赋予新的内涵。在这新时代的背景下，企业面临的不仅是机遇，也有一系列亟待解决的难题。此时通过商业模式驱动企业发展，将成为企业突破瓶颈的关键所在。

◇ 商业模式，引领未来

市场变化的背后离不开商业模式的推动，可以说现代商业竞争就是商业模式的竞争，如果一个企业没有适用于当下的商业模式，那它的发展将举步维艰，很难在市场中获得优势。

关于商业模式的定义五花八门，不一而足，有几十种之多。简而言之，所谓商业模式，即企业创造价值的内在逻辑及其整体解决方案的基因结构。商业模式是一个复杂的系统，企业往往通过商业模式来满足用户的需求。

对不断发展的企业来说，商业模式绝非一成不变的。商业模式会随着时代的发展而过时，会随着行业的变化而陷入困境，但过时与困境并不意味着走向失败。有时候，往往是因困境的出现才帮助了企业及时转化思路，主动求变。

5G 的出现既给企业带来了未知的挑战，也为企业提供了更为先进的技术。4G 商业模式必然不再完全适用于企业在 5G 时代的发展，所以，企业要不断顺应 5G 时代的变化趋势。

那么，在 5G 时代，有四种商业模式可以帮助企业顺应时代、迅速发展，为企业注入新的生机与活力。

第一，产品模式。商业模式是企业创造价值、传递价值和获取价值等一系列行为的过程。不管企业处于哪个发展阶段，想要完成价值环节的实现，便需要打造出优质的产品，为用户提供优质的服务。

在 5G 时代，产品模式加入了新的内涵。一方面，当企业面对用户，要为其提供与 5G 相匹配的产品特性，如高速率、低时延等，让用户感受到 5G 产品模式的不同之处，从而吸引用户；另一方面，当面对行业变化，企业的产品就已经不再局限于实物或是为用户提供的服务，而是囊括了流量、平台、应用、终端，甚至是解决方案，这些都成为 5G 时代下，企业需要打造的产品。在此基础上，企业可以提升自身的 5G 技术创新能力，推动 5G 的创新融合，生产出优质产品。

第二，切片模式。2020 年以来，5G 建设浪潮奔涌而来，5G 应用层出不穷。在此背景下，5G 与产业加快了渗透融入的步伐，各行各业都在追求

第八章
引爆未来商业模式

万物互联。

万物互联,意味着 5G 将承载更多的应用于海量连接,而所连接的海量终端设备,不管是特点、形态,还是解决方案都不尽相同。所以,想要实现真正的万物互联,就需利用 5G 技术提供定制化服务,而这则需依靠 5G 网络切片模式实现。

5G 网络切片是指使用者在现有网络的硬件条件下,切出不同的功能网络,将它们应用在不同的场景,而这些切片是相互独立的,即使其中一个切片出现了故障,也不会妨碍其他切片的正常运作。

比如无人机在 5G 网络切片模式的应用,将会是 5G 无人机控制网络切片,在网络边缘采用 AI 技术,使处于切片中的所有无人机都互不干扰,且具备及时响应环境变化的能力,具有高度安全性。

第三,平台模式。平台模式是通过构建多主体共享的商业生态系统,从而产生网络效应实现多主体共赢的一种战略,国内外有诸多大型企业都是凭借平台模式取胜的。如今,平台模式在 5G 时代依然帮助企业有所收获。一方面,企业在推动 5G 发展时,需要对接各种先进的 5G 技术;另一方面,企业又为广大用户提供众多 5G 产品。从此看来,企业在某种程度上本身也是一个平台。

5G 时代,平台随处可见。这些平台有边缘计算平台、切片经营平台、数据和共享平台、5G 终端平台等。这些平台为企业提供了便捷的技术服务与技术支撑,让企业管理更为高效。此外,这些平台能够在优化产业链的同时,实现大规模跨地域用户的有效积累。

第四,品牌模式。品牌,在企业发展过程中始终发挥着重要作用,是企业软实力的重要表现。翻开各个企业的发展史不难发现,诸多企业在步入新领域时,首选的策略便是品牌策略。

正如世界著名品牌战略研究学者、美国加州大学教授戴维·阿克在《创造强有力的品牌》一书中所说："一个企业的品牌是其竞争优势的主要源泉和富有价值的战略财富。"同样，在5G时代，品牌策略依然可以帮助企业获得市场优势，增强企业竞争力。

企业想要赢得5G的品牌优势需要不断丰富和完善5G品牌独有的价值、性格和文化内涵，提升企业品牌形象，使其深入人心。之后，企业还要做强5G品牌，兼顾平台、产品和应用等诸多方面，从而满足市场和用户多元化的需求。

不管是产品模式、切片模式，还是平台模式品牌模式，它们都是企业5G商业模式的组成部分，在很大程度上帮助企业迅速适应5G时代的变化。而5G商业模式的出现，不仅为企业带来了机遇，也将带给行业爆发性的增长机遇。

任何商业模式带来的产业变化都是需要一个漫长的发展过程的。如今，5G商业模式已经完成了从0到1的萌芽阶段，开始了"1+3+N"的发展阶段，它正带着全新的商业价值走向千行百业。

◇ 洞悉商业模式要素，实现商业模式创新

5G时代，想要了知道如何重塑商业模式，就必要先了解商业模式的九要素。正所谓，知己知彼，百战不殆。否则，在重塑和创新商业模式的过程中，极有可能陷于误区，最终导致事倍功半的局面。

我们以卖面包为例，来形象生动地解说商业模式的九要素。企业卖面包之前，要先考虑哪几个因素呢？

因素一：用户细分

企业要把面包卖给谁？是老年人？还是明天急急忙忙，没时间吃早饭

的上班族？用户细分就是以用户为中心，发现我们在为谁创造价值？谁是我们最重要用户？用户的需求是什么？

因素二：价值主张。

企业能给这些买面包的人创造什么价值呢？更新鲜卫生的面包？更合理的价格？更便利的购买方式？更多样的产品供应？价值主张就是企业该向用户传递什么价值？企业帮助用户解决什么难题？企业满足用户什么需求？企业给用户提供哪些产品和服务？

因素三：用户关系。

企业和这些买面包的人建立什么样的互动模式呢？一对一服务？用户自主下单？到店购买？一次性的交易？还是长期的合作？用户关系就是用户希望和企业建立并维持什么样的关系？哪些关系已经建立了？维护这些关系成本如何？如何把他们和商业模式其他模块进行整合？

因素四：渠道通路。

这些人会在哪里买面包？一次买多少？什么时间买？谁负责买？通过线上还是线下买？企业在哪里开店是能方便这些人买面包？渠道通路就是通过哪些渠道可以接触到用户，推广企业的产品和服务，消费企业的产品和服务。企业如何接触他们，企业渠道如何整合？哪些渠道有效？哪些渠道成本最低？如果把企业渠道与用户的流程结合？

因素五：关键业务。

企业提供的关键业务是什么？提供新鲜面包？上门服务？企业的价值主张需要哪些关键业务？企业渠道通路需要那些关键业务？企业建立和维护用户关系需要那些关键业务？企业的收入来源需要那些关键业务？

因素六：核心资源。

企业卖面包，对比别人有什么特别的优势？稳定独家的货源？便利的店址？更低的价格？独有的产品？企业提供的价值主张，需要什么样的核心资源？企业的渠道通路需要什么样的核心资源？企业建立和维护用户关系需要什么样的核心资源？企业的收入来源需要什么样的核心资源？

因素七：重要合作。

谁是企业的重要合作伙伴？谁是企业的重点供应商？企业从伙伴那里获得哪些核心资源？合作伙伴都执行哪些关键业务？企业要和哪些上下游、周边伙伴合作？面包供应商？其他卖面包的同行？

因素八：收入来源。

企业收入来源有哪些？出售面包？面包加工？送货上门服务费？面包商给的推广费？什么样的价值能让用户付费？他们现在付费买什么？他们是如何支付费用的？他们更愿意如何支付费用？每个收入来源占总收入的比例是多少？

因素九：成本结构。

什么是商业模式中最重要固定成本？哪些核心资源花费最多？哪些关键业务花费最多？放到做这个面包生意上，成本有哪些？铺租？人员工资？水电？税费？

在上述卖面包所要考虑的九大因素，也正是商业模式所要考虑的九个要素。九大要素究竟是什么，在5G时代，这九大要素又被赋予了什么样的含义和内容呢？

要素一，用户细分——谁是最重要的用户？

用户细分构造模块用来描绘一个企业想要接触和服务的不同人群或组织。

用户是任何商业模式的核心，没有用户，就不可能有长久存活的企业。为了更好地满足用户，企业可能把用户分成不同的区隔，每个细分区

第八章
引爆未来商业模式

隔中的用户具有共同的需求、共同的行为和其他共同的属性。

商业模式可以定义一个或多个或大或小的用户细分群体。企业必须做出合理决议，到底该服务哪些用户细分群体，一旦做出决议，就可以凭借对特定用户群体需求的深刻理解，设计相应的商业模式。

而在5G时代，企业借助技术的力量，通过海量大数据，更好定位细分用户。

要素二，价值主张——企业正在满足用户细分群体的哪些需求？

价值主张是指对用户来说什么是有意义的，价值主张是对用户真实需求的深入描述，它解决了用户痛点，满足了用户需求。每个价值主张都包含可选的产品或服务，以迎合特定用户细分群体的需求。所以，从这个角度讲，价值主张是公司提供给用户的收益集合。

价值主张可以是定量或定性的，可以通过新颖的产品创新满足用户的潜在需求；或者改善产品的服务性能来增加用户的黏性；或者通过定制化的产品和服务为个别用户的特定需求来创造价值，还可以通过亲民的价格来满足对价格敏感的用户细分群体。

5G时代，企业围绕着用户需求展开商业模式的设计，在5G时代，万物互联成为可能，产业融合更加广泛，用户需求也将更加多样化。

要素三，营销模式——通过哪些渠道可以接触到用户？

营销模式是用户的接触点，它在提升用户满意度及用户体验中扮演着重要的角色。通过营销模式所构成的公司与用户的接触端口，不仅能够提升公司产品和服务在用户中的认知，协助用户购买产品与服务，还能够通过提供售后服务等形式增加与用户的互动与黏性，从而向用户宣导和传递公司的价值主张。

渠道可以是直接的，企业通过直销的形式，如销售团队、公司网站、线下实体店、体验店；也可以是间接的，如与合作伙伴的分销批发、零售或者合作伙伴的网站等。

在 5G 时代，营销模式更加个性化、可视化、渠道丰富化、碎片化，要深刻洞察消费者行为应为 5G 应用带来的改变，更好服务用户。

要素四，用户关系——企业应与用户之间建立和保持怎样的关系？

企业应该弄清楚希望与每个用户细分群体建立怎样的联系与关系，因为这种用户关系对全面的用户体验有重要的影响。

这种用户关系可以是基于人与人之间的互动，通过微信、电子邮件或电话回访等个人助理的形式，也可以像华为公司一样利用用户社区与用户或潜在用户建立更为深入的联系，并促进社区成员之间互动的形式，还可以像小米公司一样与用户一起设计与优化产品，像亚马逊书店一样邀请用户来撰写书评为其他图书爱好者提供价值，这文中关系已经超越了传统的用户关系——供应商关系，与用户一起共同创造价值。

5G 时代，用户关系更加紧密，用户参与产品开发，用户参股企业，用户成为企业的主人，企业用户一体化！

要素五，盈利模式——什么样的价值能让用户更愿意付费？

如果把企业的商业模式比作一辆汽车，那么用户就是发动机，而盈利模式就是燃油。企业必须清楚地知道，什么样的价值能够让用户群体愿意付费？他们现在付费买什么？他们更愿意用何种方式付费？他们愿意为这件产品和服务商支付多少费用？

一个商业模式一般包括以下两种不同类型的收入来源，一是通过用户一次性支付获得的交易收入；二是来自用户为获得价值主张与售后服务持续支付的经常性收入。

5G 时代，盈利模式丰富化，通过 5G 下降企业成本，提升企业运营效

第八章
引爆未来商业模式

率，给用户创造价值，同时提升企业利润，让用户终身贡献价值。

要素六，核心资源——企业的收入来源需要什么样的核心资源？

每一个企业，每一个商业模式都需要核心资源，这些资源使得企业组织能够创造和提供价值主张、接触市场、与用户细分群体建立关系并赚取收入。不同的商业模式需要的核心资源不同，轻资产的企业需要关注人力资本，重资产的传统制造型企业更注重资本集约型的设备或原材料。企业的核心资源可以是实体资产、人力资本、知识资产、金融资源等等。

5G时代，资源不是为我所有，而是万物互联，资源为我所用。

要素七，关键业务——企业的关键业务是什么？企业的核心竞争力是什么？

企业的关键业务是企业得以运营成功最重要的业务。它是企业获取收入来源、维持用户关系、实现价值主张的重要基石。所以不同的企业有不同的商业模式，不同的商业模式又有不同的关键业务。例如手机、电脑制造商的关键业务就是研发新产品及优化功能，教育、培训等知识性企业的关键业务是提供服务或解决问题，腾讯、淘宝这样的平台商的关键业务是公司需要持续地发展和维护平台。

5G是打造企业核心竞争力的利器，谁掌握先机，谁就更快打造核心竞争力，更好设计关键业务。

要素八，合作伙伴——谁是企业的重要合作伙伴？企业能为合作伙伴提供什么样的价值主张？

随着互联网的发展，商业模式中的合作伙伴日益成为企业发展的重要推进力。企业的合作伙伴可能是非竞争者之间的联盟，也可能是竞争者之间的合作。众多行业都在进行着跨界与整合，各行各业也从竞争走向竞合，很多企业通过整合相关的合作伙伴来优化自己的商业模式。

5G万物互联，极低时延，将为个人生活和经济社会发展带来极大改变。企业和合作伙伴更加紧密，通过敏捷制造，动态联盟更好为用户服务。

要素九，成本结构——什么是商业模式中最重要的成本支出？

在企业的商业模式中，不管是实现价值主张，还是维护用户关系都是需要成本投入的，所以对于关键业务、重要资源、核心业务来讲也是需要更多的成本投入的，这样就涉及到成本结构的问题了。很明显，对于任何的商业模式来说都应该尽量实现成本的最优化。

5G时代，万物互联，用户主权，虚实结合，去中心化；抓住风口投资，前期投入成本增加，但是很好构筑了企业的核心竞争力；后期才是利润丰收期。

✧ 孵化5G商业模式，塑造5G企业价值

自2019年以来，5G一度成为企业发展的重要话题，5G给生活、行业、产业等带来的影响一度成为人们关注的焦点。虽然5G在我国发展的时间并不长，但带来的影响和价值却是不容忽视的。

由此不难看出，5G的发展已势不可挡。从某种程度上来说，商业模式的领先在一定程度上意味着5G的领先，因为没有领先的商业模式，5G发展便成为无根之木。那么企业该如何孵化5G商业模式呢？

一方面，打破惯性思维，<u>重塑企业战略</u>。5G对传统企业的冲击是极大的，无论是商业模式，还是发展战略都因此发生了翻天覆地的变化。而对企业而言，正确的商业模式是在市场中脱颖而出的方式之一。即使是在5G时代，市场也依然遵循着这一真理。

如今，谁能以最快的速度运用5G商业模式，便可以率先赢得市场和用户的青睐。在5G时代，企业必然是要顺应时代和技术的发展趋势，其

第八章
引爆未来商业模式

中最为重要的是要重塑企业战略，打破那些传统商业模式下的惯性思维，利用 5G 技术对行业进行创新性改革。

另一方面，颠覆二八法则、提升长尾效应。在 4G 时代，二八法则被众多企业视为不二法则，即 20% 的客户提供 80% 的利润。而长尾法则因为长尾用户多、维护成本高而不被企业多采用。但在 5G 时代，企业越发看重产品的内容和技术，然后通过良好口碑的宣传，不断吸引更大范围的用户。

凭借优质的口碑和质量，企业的获客成本会进一步降低，并且成交成本也会变低，企业也无须再花费大量的资金去进行推广和影响。这也就是长尾效应的具体表现。

在瞬息万变的市场，商业模式也在不断变化，在频繁创造出奇迹的 5G 市场更是如此。历史经验一次次证明，商业模式一旦固化，那么这个企业甚至是整个行业都将会遭到残酷的淘汰。

5G 模式的商业化应用将使旧有的商业生态得到极大的改变，从而构建出全新的商业模式。在这个时代最值钱的是商业模式，最重要的资产也是商业模式，商业模式已经演变为企业运行的重要驱动力。

随着 5G 时代大幕的拉起，企业商业模式的调整已迫在眉睫。不管是技术的迭代，还是产品的创新，都应建立在正确的商业模式之上，稳扎稳打。否则，面对层出不穷的挑战和危机，旧有的商业模式终究无法助力企业屹立在市场浪潮之中。

第三节　5G 时代重塑商业化应用

GSMA（即全球移动通信系统协会，是全球移动通信领域的行业组织）曾对全球 2000 余家企业负责人进行调研，结果显示，5G 与垂直行业的深度融合将是 5G 成功的关键之一。

与 1G 提供声音，2G 提供文字，3G 提供图片、4G 提供视频不同，5G 更偏向于提供商业化。随着通信系统的不断进化，具有革新性的服务也不断出现在市场中，并广受好评。而随着业界对 5G 的探索逐渐深入，5G 的商业化应用也步入正轨。

✧ 5G 技术迭代，引领行业突破

纵观人类社会发展进程，从农业社会发展到工业社会，再进化到今天的信息数字化社会。在不同的进程中，社会经济形态都发生着巨大的变革，也因此经历了农业经济、工业经济，及当今的数字经济。

进入 2019 年，5G 技术成为社会新的生产力，重塑了商业模式，由此

引发了行业结构、生产方式和经济形态等方面的改变。

移动通信供应商爱立信公司曾发布了一份题为《5G给产业带来的影响》(The Industry Impact of 5G)的报告，其主要内容为：到2026年，在主要的10个产业中，5G所带来的数字转换的市场规模将达到1.3万亿美元。从各产业的构成比来看，能源产业/公用事业（水、电、燃气等）占19%，制造业占18%，公共安全产业（安保、治安等）占13%，健康养老产业占12%，公共交通产业占10%，媒体/娱乐产业占9%，汽车产业占8%，金融服务业占6%，零售业占4%，农业占1%。

身处这10个产业当中的企业，更应该加速自身迈向5G商业化应用的步伐。但在此之前，企业要先了解5G对旧有商业模式的逻辑冲击和影响。

一方面是对行业壁垒的冲击。当我们研究过去几年互联网技术对商业的影响时，便会发现在新技术面前，不管是哪个行业都不存在绝对的壁垒。5G时代的到来，那些原本具备资源优势的企业或许已经无法像过去一样"高枕无忧"，而那些利用5G技术进行管理和发展且可以实现快速迭代的企业才能脱颖而出。

另一方面是对渠道为王的颠覆。在过去，诸多企业都认同"渠道为王"是颠扑不破的箴言，谁能掌握渠道便掌握了主动权。在当时，各大企业都争相抢夺渠道，即使是劣质产品也可以通过各个渠道出现在大众视野。

而5G技术的出现在很大程度上改变了这一现象。5G的B2B2X模式使得企业可以越过中心运营商，直接向最终用户提供服务，并及时收集用户行为数据，从而为用户提供更为精准且具有高品质的产品和服务。

随着5G的商业化应用，企业要紧跟时代潮流。但紧跟潮流之前，企业要清楚地知道自己所处行业在未来的5G发展趋势，只有这样，才能不被时代所淘汰，而非人云亦云、亦步亦趋，否则就只是加速了失败。

第八章
引爆未来商业模式

✧ 5G 落地应用，推动行业升级

如今，第四次工业革命正如火如荼。5G 作为新一代信息技术，将与社会各行业、各领域进行深度融合，培育经济发展新动能。

中国信息通信研究院与 IMT-2020（5G）推进组于 2018 年、2019 年，连续主办两届"绽放杯"5G 应用征集大赛。该征集大赛将面向行业、企业及个人广泛征集 5G 应用创意与解决方案，促进行业转型升级，深入挖掘 5G 的商业化应用。该大赛自启动时，便得到广泛关注。仅 2019 年一年，大赛共收到 3731 个参赛项目，无数新产品、新模式呈现在大众视野。

新产品、新模式的出现，使得 5G 的身影真正融入每一个行业中。在各个行业、各个领域，5G 的商业化应用不仅已实现落地，更逐渐走向成熟和稳定。

在智能制造领域，5G 助力实现数字化改造。三一重工股份有限公司（以下简称"三一重工"）于 1994 年创建，是中国最大、全球第五的工程机械制造商，同时也是世界最大的混凝土机械制造商。在 5G 元年，三一重工与合作伙伴共同打造 5G 智能制造创新业务应用。

在如今的制造业领域，智能化是制造自动化的主要发展方向，但当下却面临着两大难题：一是在工业穿戴场景下，作业工人穿戴设备对移动性及宽带要求极高，AR、VR 类应用受到严重限制；二是在现场或远程操控中，生产线调整部署周期长，诸多移动设备无法使用线缆进行控制。

而 5G 的商业化应用帮助三一重工解决了这些难题。而三一重工所凭借的 5G 商业化应用是基于 5G 的视觉导航 + 云化 AGV（指装备有电磁或光学等自动导航装置，能够沿规定的导航路径行驶，具有安全保护以及各种移载功能的运输车）进行调度，利用 5G 大宽带的特性实现实时数据传输，

并由5G MEC（移动边缘计算）统一进行视觉处理及调度，从而降低了企业的运输成本，还提供了容易部署的解决方案。

除此之外，三一重工还实现了5G矿区无人驾驶的落地应用，通过远端控制台实时控制无人驾驶挖掘机，同步回传真实作业场景及全景视频实况，大大提升了矿区的安全生产工作，确保了挖掘作业过程中的安全性和可靠性。

在云游戏领域，5G实现了可控可管。从云游戏最早提出到如今已经过去了7年，在这7年间，无数企业都相继推出了云游戏平台。但囿于当时的时延，无数企业只能将云游戏业务规定在特定的"局域网"，无法实现大规模的推广，因此也就无法获得更多的用户和市场。

2019年，针对中国移动5G战略部署，中国移动咪咕公司打造了全新云游戏业务平台——"5G快游戏"，其产品名为咪咕快游。该游戏利用5G网络的超低延迟、超大带宽特点，结合云游戏运行模式，实现游戏在服务端的运行，并将渲染完毕后的游戏画面通过网络传送给用户。

此外，5G快游戏中所有游戏的运营都在统一的云服务平台，游戏画面通过视频流下发到用户端。在云服务平台，企业可对游戏内容进行实时审查、调整游戏位置和下线游戏石凳等各类管控操作，实现全流程可控可管。5G快游戏还改变了传统游戏的下载安装及应用付费的模式，转而采用即点即玩，订阅畅玩的模式。

正如咪咕互动娱乐有限公司CEO冯林所说："5G时代，内容消费全面云化。'云网融合、网随云动'，云游戏作为5G时代公认的杀手级应用，延展了用户消费的内容、时间和空间，给用户带来了全场景沉浸式游戏体验。咪咕互娱作为目前国内最大的云游戏运营商，将与行业合作伙伴携手并进，共同推进云游戏产业的健康持续发展。"

第八章
引爆未来商业模式

在云 VR 示范领域，5G 拓展全新应用场景。在 4G 时代，超高清视频和 VR 全景视频传播主要以硬件存储、本地播放的形式存在，产业发展规模受到一定限制。但 5G 的出现，不仅进一步增强了 VR 体验，还在最大程度上发挥出 VR、AR 在移动端的独特优势，助力企业不断开拓出新的应用场景。

2019 年，"5G+ 云 VR" 示范区在江西省南昌市红谷滩区落地。5G+ 云 VR 业务有三大功能。第一，可依靠终端数据实现云 VR 体验的准确测量，从而保证业务的质量可视性；第二，可在云管端数据联合分析的基础上，实现对业务中所出现故障的快速识别和感知；第三，可通过系统对接，提供 VR 用户的投诉支撑。

在 5G 商业化应用下，传统产业的运作过程中将嵌入越来越多智能功能，促使企业进一步向智能化、服务化转变。当 5G 商业化应用和行业相遇之后，都将会产生一定的"化学反应"，加快行业的 5G 技术进步。

当下，从市场和行业的发展来看，5G 的商业化应用对企业而言已经不再是可有可无的，而是在竞争激烈的市场中存活下来的必然选择。

在 5G 时代，5G 的商业化应用正在蔓延至各行各业。无数企业都正投身于商业化的探索之中，在此过程中，他们或许会成功，也或许是失败；他们或许会和大众的步伐一致，也或许与大众不尽相同。但无论怎样，这些企业都可以从中吸取经验，改变思路，成为下一个成功者。

正如著名作家梭罗在《瓦尔登湖》一书中所写的那样："有些人步伐与众不同，那是因为他们听见了远方的鼓声。"在走向 5G 的同时，这些企业也在走向光明的未来。

未来就在不远处。5G 已来，即将流行。